光文社古典新訳文庫

存在と時間 3

ハイデガー

中山元訳

kobunsha classics

光文社

Title : SEIN UND ZEIT
1927
Author : Martin Heidegger

凡例

邦訳の底本としたのはMartin Heidegger, *Sein und Zeit*, Max Niemeyer Verlag, 1927の第七版（一九五三年）であるが、第一七版（一九九三年）を適宜参照している。この原文のページ数を訳書の下段にゴチック体で示した。また、全集版のMartin Heidegger, *Gesamtausgabe*, Band 2, *Sein und Zeit*, Vittorio Klostermann, 1977も参照した。全集版のページ数は訳書の上段にゴチック体で示した。

この訳書では、段落ごとに番号をつけ、それぞれに原文にはない小見出しをつけた。》《で囲まれた部分は「」で示し、イタリックは傍点で示した。〈〉で囲んだところは訳者の強調であり、［］で囲んだところは訳者による補足である。なお〈〉を、引用文中の「」の代用として使うこともある。（）で囲んだところは原文の文章である。また訳文は読みやすいように適宜改行している。

原注は節ごとに＊1のようにしてつけ、その後に訳注を（1）のようにつけた。ハイデガーの手沢本には、欄外に書き込みがあり、原文にはテクストの最後に付録として追加されており、底本では巻末にまとめて示している。この訳書ではこれらの書き込みは、訳注の一部として該当する場所につけ、冒頭に【欄外書き込み】と明記した。

なお、本文ならびに解説での引用文は、既訳のある場合も訳し直していることが多く、引用元の訳文と同じであるとは限らない。

『存在と時間　3』＊目次

存在と時間　3

第一部　時間性に基づいた現存在の解釈と、存在への問いの超越論的な地平としての時間の解明

第一篇　現存在の予備的な基礎分析

第三章　世界の世界性

第一七節　指示とめじるし

221 **指示と指示全体性**

102 これまで手元存在者としての「道具」の存在構造を暫定的に解釈してきたが、そこ 76
で明らかになったのは、指示《フェアヴァイズング》という現象であった。しかし明らかにされたのは
その輪郭にすぎず、このようにして浮き彫りにされてきたこの現象について、その存

12 在論的な起源を露呈させる必要があることをただちに強調しておいた。さらに、この
103 指示と指示全体性《フェアヴァイズングスガンツハイト》が、何らかの意味で世界性そのものを構成する役割をはたすことも明らかにしてきたのだった。

わたしたちがこれまで世界を眺めたのは、手元存在者の環境世界的な配慮的な気遣いという特定のありかたにおいて、またこうしたありかたにたいして、しかも手元存在者の手元存在性とともに、世界が閃いてくるありさまにおいてだけだった。そこで世界内部的な存在者の存在についてさらに了解を深めてゆくならば、世界現象をあらわに示すための現象的な土台はさらに広範で、確実なものとなるだろう。

222 **〈めじるし〉**

わたしたちはここでも、手元存在者の存在から出発しながら、これに基づいて指示そのものの現象をさらに明確に捉えることを試みてみよう。そのためにいくつかの意味でこうした「指示」をそなえている道具を、存在論的に分析することを試みてみよう。このような「道具」として考えられるのは、めじるしである。(1)〈めじるし《ツァイヒェン》〉とい

う語はさまざまな意味に使われる。さまざまな種類の〈めじるし〉があるだけでなく、「〜を示す〈めじるし〉である」という表現を普遍的な関係様式に形式化することができた場合には、〈めじるし〉の構造そのものが、あらゆる存在者一般を「性格づける」存在論的な導きの糸となることもあるのである。

223　〈めじるし〉の性格

しかし〈めじるし〉とはまずそれ自体が道具である。〈めじるし〉に特有の道具性格は、表示する（ツァイゲン）ことにある。こうした〈めじるし〉としては、道路標識、境界石、船舶の航行のための暴風標識気球、信号、旗、喪章などがある。このように表示することも、指示《フェアヴァイゼン》の「一種」と規定することができる。指示ということを極端なまでに形式化するならば、それは関係づけをすることであると表現できる。しかし指示は、たとえば〈めじるし〉、象徴、表現、意義などのさまざまな「種」に分化されるが、この〈関係づけ《ベツィーウング》〉は、それらの種にたいして〈類〉の位置にあるわけではない。〈関係づけ〉とは、さまざまな事象内容や存在様式の違いを無視して、あらゆる種類の連関のありかたを「形式化」することで直ちに読みとれる形式的な規定のことである。[*1]

104

224　指示、関係づけ、表示

すべての指示は一つの関係づけであるが、その逆にすべての関係づけは指示であるとは言えない。すべての「表示《ツァイグング》」はある種の指示であるが、その逆にすべての指示がある種の表示であるとは言えない。したがってすべての「表示」はある種の関係づけであると言えるが、その逆にすべての関係づけが表示であるとは言えない。これによって、関係づけというものの形式的で普遍的な性格が明らかになってくる。

だからわたしたちが指示や〈めじるし〉について、まして意義のような現象について探求するときに、それらを「関係づけ」として性格づけても、何の役にも立たないのである。[(2)] その反対に、「関係づけ」そのものが、その形式的で普遍的な性格のために、指示のうちにその存在論的な源泉をもっていることが、最終的には示されねばならないのである。

225 〈めじるし〉の分析

ここでの分析では、〈めじるし〉を指示の現象とは異なるものとして解釈することに限定するが、このように限定してみたとしても、さまざまにありうる多様な〈めじるし〉のすべてを適切に考察することはできない。〈めじるし〉《ツァイヒェン》「のはたす表示の機能」としては、兆候《アンツァイヒェン》、前兆《フォアツァイヒェン》、形跡《リュックツァイヒェン》、標識《メルクツァイヒェン》、特徴《ケンツァイヒェン》などがあり、何がこうした〈めじるし〉に使われるかどうかは別としても、それぞれに異なる表示の機能がそなわっている。

これらの「めじるし」とは区別すべきものとして、痕跡、遺跡、記念物、記録文書、証書、象徴、表現、現れ、意義などがある。これらの現象は、それぞれの形式的な関係づけの性格に基づいて、すぐに形式化できる。とくに現在では、このような「関係づけ」を導きの糸として、すべての存在者に「解釈」を加えようとする傾向が顕著にみられる。こうした解釈はたしかにつねに「妥当する」ものだが、それが「妥当する」のは、〈形式と内容〉という手軽な図式と同じように、根本的に何も言っていないからにすぎない。

226 自動車の方向指示器の実例

〈めじるし〉の範例としてわたしたちは、後の分析においても別の観点から範例的
な役割をはたすものを選ぶことにしよう。最近、自動車に「ウィンカーの役割をはた
す」回転式で赤い矢の形をしたもの［方向指示器］がとりつけられた。この矢の向きで、
たとえば交差点などで、そのつど自動車の進もうとする方向が示される。この矢の向
105 きは、運転手が操作する。この〈めじるし〉は一つの道具であるが、運転手の配慮的
な気遣い（自動車の運転）のための道具としてそなわっているだけではない。この車
に乗っていない人々も、いや彼らこそが、この道具を利用しているのである。そして
道路の適切な側に避けたり、立ちどまったりするのである。

この〈めじるし〉は、交通手段と交通規則で構成された道具連関の全体のうちで、世界内部的に手元に存在している。この表示道具は、道具として使われるときに、一つの指示関係によって構成されている。これには〈～のため〉《ウムツー》という性格があり、何

かを表示するためという特定の有用性をそなえている。この〈めじるし〉の〈表示する〉という有用性は、「指示する」ことであると考えられる。しかし注意すべきことは、この表示という意味での「指示する」ことは、道具としての〈めじるし〉がそなえている存在論的な構造ではないということである。

227　表示としての指示と有用性としての指示

この表示という意味での「指示」は、むしろ道具の存在構造に依拠している。すなわちそれが存在することが、ある有用性《ディーンリヒカイト》をそなえていることに依拠しているのである。ただしこうした存在構造をそなえているだけでは、ある存在者はまだ〈めじるし〉にはならない。だから「ハンマーという道具」は、有用性という存在構造をそなえているものの、それだけで〈めじるし〉になるわけではない。

表示するという意味での「指示」は、ある有用性のもつ〈何のために《ヴォツー》〉が存在者的に具体的に示されたものであり、ある道具をこの「何のためにという」用途に規定するのである。これにたいして、「〜のために役立つ」という意味での指示は、道具と、

18

しての道具にそなわっている存在論的でカテゴリー的な規定である。有用性のもつ〈何のために《ヴォツー》〉が、とくに表示として具体化されるかどうかは、道具機構そのものからみると偶然的なものである。この［方向指示器という］〈めじるし〉の例からみても、有用性としての指示と表示としての指示の違いはほぼ明らかである。この二つの指示はほとんど一致するところはなく、むしろこの両方が統一されることで、ある種の道具が初めて具体的なものとして可能になるのである。

このように表示することは、道具機構のもつ指示することと［という性格］とは根本的に異なるものであるが、〈めじるし〉が、そのつど環境世界的に手元的に存在している道具の全体およびその世界適合性との間で、特有な関係を、しかも傑出した関係を結んでいることも否定できない。表示する道具《ツァイクツォイク》は、配慮的な気遣いの交渉において、卓越した形で使われるのである。しかしこの事実《ファクトゥム》をたんに確認するだけでは、存在論的には不十分である。この卓越したありかたの根拠と意味を解明しなければならない。

106

228 〈道具の経験〉の条件

〈めじるし〉が〈表示する〉というのは、どういうことだろうか。この問いに答えるためにはまず、表示する道具《ツァイクツォイク》と適切な形で交渉するというのはどういうことであるかを規定しておくべきだろう。そうした交渉のしかたのうちでこそ、その〈めじるし〉の手元存在性をほんとうの形で捉えられるだろう。それでは〈めじるし〉と〈適切な形でかかわっている〉というのはどのようなことだろうか。

前に挙げた実例（自動車の方向指示器）で考えると、［現存在がこれに］道路で出会ったときに、この〈めじるし〉に対応するふるまい（存在のありかた）とは、この矢印の指示器を出して走ってくる自動車にたいして、「身を避けること」あるいは「立ちどまること」であるだろう。〈身を避けること〉は、ある方向に進むことであり、現存在の世界内存在に本質的にそなわっている行動である。現存在は世界内存在として、つねに何らかの方向を選び、その方向に進む途上にある。〈立ちどまること〉と〈そこにとどまること〉は、このような方向を選択しつつ進む「途上にある」ことの限界的な場合にほかならない。

この〈めじるし〉は特有の「空間性」をそなえた世界内存在に向けられているのである。もしもわたしたちがこの〈めじるし〉をただじっと眺めて、それを目の前に現れた〈表示物《ツァイクディング》〉として確認するだけでは、これをほんらいの意味で「把握した」ということにはならない。あるいは矢印の表示方向《ツァイクリヒトゥング》に視線を向けて、その表示する方向のうちに眼前存在するものを眺めやったとしても、この〈めじるし〉にほんらいの意味で出会ったとは言えないのである。

この〈めじるし〉は、配慮する気遣いの交渉における〈目配り《ウムジヒト》〉に呼び掛けているのであり、この〈めじるし〉の指示にしたがった〈目配り〉が、それが示す指示にしたがいながら、そのつどの環境世界の〈身の回り〉の明示的な「見渡し《ユーバージヒト》」をもたらすようにさせるのである。この〈目配りする見渡し〉[によって現存在]は、手元存在するものを主題的に把握するのではなく、むしろ環境世界の内部での〈方向づけ〉を獲得するのである。

このような〈道具の経験〉の別の可能性として考えられるのは、自動車にほんらい付属したものとしてそうした矢印に出会うものの、その矢に特有の道具性格が露呈されていない場合である。そのときにはそれが何をどのように表示しているのか、まったく分からないままでありうる。それでもこのようにして出会うものは決してたんなる〈物《ディング》〉にすぎないものではない「すなわち何かを表示していることは分かるのである」。身近には何のためなのかよく分からないさまざまな道具があるのであり、事物を経験するためには特有の規定性が必要なのである。

229　〈めじるし〉の役割と分類

ここで説明してきたような種類の〈めじるし〉は、手元存在者を出会わせるものである。正確には、配慮的な気遣いによる交渉にたいして、その進むべき方向を示し、確実なものとすべく、さまざまな手元存在者の連関を理解させるものである。〈めじ
107 るし〉は、別の〈物〉と表示関係にある〈物〉のことではない。〈めじるし〉とは、道具の全体を明示的に〈目配り〉にもたらし、それと同時に、その手元存在者の世界適合性が告げられるようにする道具のことである。

兆候《アンツァイヒェン》や前兆《フォアツァイヒェン》では、「やがてやってくる」ものが「みずからを告げる」のだ

80

が、それはすでに眼前的に存在しているものに加わるものとして、何かが眼の前に現れるという意味ではない。「やがてやってくる」ものとは、わたしたちがそれにそなえて心構えするもの、あるいはわたしたちがほかのことに気を取られていて、「心構えをしていなかった」もののことである。

また 形跡《リュックツァイヒェン》を見れば、すでに何が起きていたか、何が演じられたかを、〈目配り〉で見てとることができる。標識《メルクツァイヒェン》は、そのつど何を「心がけておく」べきか、〈その何を《ヴォラン》〉を示している。このようにこれらの〈めじるし〉が第一義的につねに示すのは、わたしたちが「そのうちで《ヴォリン》」生きているところであり、配慮的な気遣いが〈そのもとに《ヴォバイ》〉とどまるところであり、そしてそこにいかなる〈適材適所性《ベヴァントニス》〉があるかである。

230

〈めじるし〉を定めること

このように〈めじるし〉にそなわる特有の道具性格は、とくに「めじるしを定める」ときに明瞭になる。〈めじるし〉は、ある種の〈目配り〉において示される「予測的な」〈用心深さ《フォアジヒト》〉のうちで、この用心深さに基づいて定められるのである。そのためには、つねにある手元的な存在者を使うことで、その〈目配り〉に、そのつどの環境世界を告げることのできるような手元存在的な可能性がそなわっている必要がある。

ところが世界の内部でわたしたちの身近に存在するものには、すでに述べてきたように、控え目にふるまっていて、立ち現れてこないという性格がそなわっている。そのため環境世界のうちで〈目配り〉による交渉が行われるためには、その道具性格からして手元的な存在者を目立つようにするという「仕事」をひきうける手元的な道具が必要となる。このような道具（めじるし）を作成するためには、その道具が目立つという性格をそなえているようにしなければならない。しかしこのように目立つ〈めじるし〉も、ただ気ままに眼の前に存在させるのではなく、特定の方法ですぐに気づくことができるように「配置する」必要がある。

231 〈めじるし〉の発見

ただし〈めじるし〉を定めるといっても、まだ手元的に存在していなかった道具を新たに作成する必要があるわけではない。すでに手元に存在しているものをめじるしとして採用することでも、〈めじるし〉は作られるのである。そしてこのありかたにおいてこそ、〈めじるし〉の作成がさらに根源的な意味をもつようになる。〈めじるし〉による表示があることで、〈目配り〉にとっては、すでに手元的に存在していた道具の全体と環境世界一般が、さらに見通しよく利用できるようになる。それだけで
108 はなく、〈めじるし〉の作成によって初めて露呈させることができるものもある。〈めじるし〉として採用されたものは、〈めじるし〉になることで手元存在性を獲得し、そのことによってわたしたちはこれに近づくことができるようになる。たとえば農地の耕作の際には南風が、雨の降る前触れの〈めじるし〉として「通用している」としよう。この場合に、こうした「通用しているという事実」、あるいは「南風という」存在者が「おびている価値」は、すでに眼前的に存在している気流や特定の地理

学的な方位に〈おまけ〉のようにつけ加えられたものではない。この南風は、気象学的にそのものとして確認することのできるような、たんに訪れてくるものとして、まず眼前的に存在していて、それからときに前兆《フォアツァイヒェン》としての役割をひきうけるようなものでは決してない。むしろ農地の耕作における〈目配り〉が、南風を考慮にいれることで、初めて南風がその存在において露呈されるのである。

232　手元的な存在者の道具性格

しかしここで異論が提起され、〈めじるし〉として採用されるべきそのものは、それ以前にすでにそのものとして近づくことができ、〈めじるし〉として定められる以前に把握されていなければならなかったのではないかと、主張されるかもしれない。たしかにそのとおりであり、そのものはそれ以前に、何らかのありかたですでにみいだされていなければならなかったのである。しかし問題なのは、このようにしてあらかじめ出会っていたときに、その存在者がどのようなものとして露呈されていたかということである。それがたんに眼の前に現れる事物として知られていたか、それとも

81

まだ「その用途が」理解されていない道具として手元に存在していたのかが問題なのである。すなわちそれまでは手元に存在しているものの、「どうにも捉えようのない」ものとして存在していたので、〈目配り〉のまなざしにとって〈覆われていた〉のではないだろうか。これについては、〈目配り〉がまだ露呈させていなかった手元的な存在者の道具性格を、わずかに眼の前に存在するにすぎないものを把握する態度にあらかじめ与えられているような、たんなる事物性として解釈してはならないのである。

233　ハンカチの結び目の実例

日常的な交渉において〈めじるし〉のもつ手元存在者的な存在が、さらにさまざまな意図で、そしてさまざまな方法で〈めじるし〉に与えられ、〈めじるし〉にそなわっている〈目立つありかた〉が明らかにしているのは、身近に手元的に存在するものに本来そなわる〈目立たなさ〉だけではない。〈めじるし〉そのものも、日常的に「自明なものとして」手元的に存在している道具の全体の〈目立たなさ〉から、みずからの〈目立つありかた〉をひきだしてくるのである。

たとえば〈標識《メルクツァイヒェン》〉としてよく使われる「ハンカチの結び目」の例を考えてみよう。これが使われるのは、日常性において〈目配り〉がそのつど配慮的に気遣うべき事柄を表示するためである。この〈めじるし〉はきわめて多くのことを、しかもきわめて多種多様なことを表示することができる。しかしこの〈めじるし〉で表示する
109 ことのできる事柄の範囲が広いために、こうした〈めじるし〉を実際に理解し、使用することのできる範囲は狭くなる。こうした〈めじるし〉は〈めじるし〉としては、多くの場合には「それを定めた人」だけが、それを手元にあるものとして利用できるだけである。ときにはそれを定めた人にも意味が分からなくなることがあるので、最初の〈めじるし〉が〈目配り〉にとって利用できるようになるためには、別の〈めじるし〉が必要になることもあるほどである。ただし、このようにして〈めじるし〉として使えなくなったハンカチの結び目も、その〈めじるし〉としての性格を失ったわけではなく、ごく身近に手元的に存在するものとして、〈催促がましさ〉を獲得し、人の落ち着きを奪うのである。

234　未開社会の実例

日常的に行われる配慮的な気遣いにおいて、さまざまな〈めじるし〉は、世界を了解するために傑出した役割をはたしている。そこで未開の現存在にみられる多数の「めじるし」の使用の実例、たとえば物神崇拝《フェティシズム》や呪術の例を挙げたくなるかもしれない。たしかにこのような〈めじるし〉を使用するための土台となる〈めじるし〉の作成は、理論的な意図で行われるものではないし、理論的な思弁という方法で行われるものでもない。この〈めじるし〉の使用は、「直接的な」世界内存在の内部に完全にとどまっているのである。

しかし詳しく検討してみて明らかになるのは、〈めじるし〉一般の理念を導きの糸として物神崇拝や呪術を解釈しようとしても、それでは未開の世界で出会う存在者の「手元的な存在」がどのようなものであるかを十分に把握することはできないということである。というのも、〈めじるし〉現象という観点からは、未開人にとっては、〈めじるし〉はそれが表示されたものと一体になってしまうのだと解釈することができよう。〈めじるし〉そのものが、［物神崇拝にみられるように］みずから表示されたものを代表することができるのは、〈めじるし〉はそれを代理することができるだけではなく、〈めじるし〉それ自身がみずから表示されたものであるからである。

このように、〈めじるし〉がそれの表示するものと合致するということは、注目すべきことではあるが、それは〈めじるし〉となる事物がすでにかなり「客観化」されていて、単純な事物として経験されるために、それが表示する事物と同じ眼前的な存在領域のうちに移されるからではない。この「合致」は、それまで分離されていたものが同一視されるから生じるのではなく、〈めじるし〉が表示する事物から、〈めじるし〉がまだ遊離していないから生じるのである。

〈めじるし〉のこのような使用［を行った未開人］は、表示されたものの存在のうちにまだ完全にはまり込んでいるために、〈めじるし〉が〈めじるし〉としては、そも
110 そもまったく分離されていないのである。この合致は、それに先立つ客観化によって生じるのではなく、こうした客観化がまったく欠如していることから生じるのである。これが示しているのは、〈めじるし〉がそもそもまだ道具として露呈されていないということであり、究極的には世界内部的に「手元的な存在者」が、まだ道具としての

存在様式をそなえていないということである。

この手元存在性と道具という存在論的な導きの糸も、おそらく未開の世界の解釈には不十分なものだろう。ましてや事物性の存在論の考察などは、まったく不可能だろう。しかし未開の現存在や未開の世界においても、何らかの存在了解が構成的な意味をもっているはずだから、世界性についての「形式的な」理念を、あるいは次のように述べられる現象をとりだすことが、ますます差し迫って必要とされるのである。すなわち、少なくともあらかじめ与えられた現象連関において、あるものがまだ存在していないとか、もはや存在しないなどという存在論的なすべての言明が、そのあるものがそれでないと言われる当のものから、積極的な現象的な意味をうけとることができるように、さまざまな形で変化することのできる現象を、とりだす必要があるのである。

235　〈めじるし〉と指示の三重の関係

これまでの〈めじるし〉についての解釈は、ただ指示の性格を示すために必要な現象的な手掛かりを獲得するために行ってきたのである。〈めじるし〉と指示の関係は三重の関係として考えることができる。第一に、表示することは、有用性の〈何のために《ヴォツー》〉のうちの一つの可能性を具体化したものであり、道具構造一般に、そして〈～のため《ウムツー》〉という指示に根拠を置くものである。第二に、〈めじるし〉が行う表示は、ある手元的な存在者の道具性格である。この道具性格は、道具立ての全体性に、その指示連関に属するものである。第三に、〈めじるし〉はほかの道具とともに手元的に存在しているが、それだけではなく、その手元存在性によって、環境世界がそのつどつねに〈目配り〉にとって明示的な形で近づくことのできるものとなるのである。

このようにして〈めじるし〉は存在者的に手元存在するものであるが、そのように規定された道具として、同時に手元存在性、指示全体性および世界性の存在論的な構造を告げ知らせる役割をはたしているのである。この〈めじるし〉という手元存在者は、〈目配り〉が配慮的な気遣いを行う環境世界において特別な位置を占めているが、その理由はここにある。

そして指示そのものは、存在論的に〈めじるし〉を基礎づける役割をはたすもので

あるから、それ自体は〈めじるし〉として把握することができないものである。指示
とは、手元存在性そのものを構成するものであるから、それは一つの手元存在者の存
在者的な規定ではない。それでは指示が、手元存在者の存在論的な「前提」であると
111 いうのは、どのような意味においてだろうか。また指示はこのようにして存在論的な
基礎となるものであると同時に、どのようにして世界性一般を構成するのだろうか。

原注

*1 エトムント・フッサール『イデーン』第一部（本年報、第一巻第一〇節以下）参照。さらにそれ以前のものとしてフッサールの『論理学研究』第一巻第一一章を参照されたい。また〈めじるし〉と意義の分析については、同書の第二巻の第一研究を参照されたい。

訳注

（1）ツァイヒェンはふつうは「記号」と訳されるが、記号という語は、地図に書かれた記号のように、シンボル化されたものというイメージが強い。ハイデ

ガーがここで実例としてあげるのは、道標のように、日常生活で具体的に出会う事物であり、それが「指し示す」機能をそなえたものである。そのため「めじるし」という訳語を採用した。

（2）【欄外書き込み】「何の役にも立たないのである」のところの欄外に、「記号論理学の要求の可能性を証明するためには基本的なことである」と書かれている。

第一八節　適材適所性と有意義性、世界の世界性

236　**世界の世界性への問い**

手元的な存在者には、世界内部的に出会うのである。だからこの存在者の存在、すなわち手元存在性は、世界と世界性にたいして、何らかの存在論的な結びつきをそなえているはずである。すべての手元存在者において、世界はすでに「そこに現に」存

在している。世界で何と出会うにせよ、世界はそれに先立って、非主題的にではあっても、すでに露呈されているのである[1]。ただし世界はさらに環境世界的な交渉において、ある特定の方法で〈閃いて〉くることがありうる。世界とは、そこにおいて手元存在的なものが手元に存在しているところである。

世界はどのようにして、手元存在的なものを出会わせることができるのだろうか。これまでの分析から明らかになったのは、それを考慮にいれて配慮的に気遣う〈目配り〉のまなざしにとっては、世界内部的に出会うものはその存在において〈開《あ》けわたされている[2]〉ということである。この先行的に〈開けわたされている〉というのはどういうことだろうか。この〈開けわたされている〉ことが、存在論的に世界の特徴として理解できるのはどうしてだろうか。世界の世界性への問いによって、わたしたちはどのような問題に直面するのだろうか。

237 適材適所性

これまで、手元的に存在するものの道具機構を〈指示〉として示してきた。世界はどのようにして、こうした存在様式にある存在者を、その存在において〈開けわたす〉ことができるのだろうか、わたしたちはどうして世界で、まずこうした存在者と出会うのだろうか。

ところで特定の〈指示〉の実例として示しておいたのは、何らかの有用性をそなえていること、害をなすものであること、[3]使用できることなどだった。有用性における〈何のために〉《ヴォツー》と、使用できることにおける〈何のために〉《ヴォフュア》は、そのつど指示がどのような形で具体的に可能になるかを明らかにするものだった。ただし〈めじるし〉の「表示すること」や、ハンマーを握ってそれで「叩くこと」は、存在者の特性ではない。特性という言葉は、事物がある形で規定されうるために必要な存在論的な構造を示すものであるとされるならば、これらはそもそも特性と呼べるものではない。

手元的な存在者には、せいぜい適性と不適性がそなわっているだけであって、その
112 存在者の「特性」というものは、まだこうした適性と不適性から分離されていないのである。それは眼前存在することが、手元にあるものに可能な存在様式として、手元存在性から分離されていないのと同じである。しかし道具機構としての〈有用性〉〈指示〉は、ある存在者の適性のようなものではなく、存在者がさまざまな適性によっ

て規定されて存在することができるようになるための、その存在に特有の可能性の条件なのである。

そうであるならば、指示とは何を意味するのだろうか。すでに手元存在者の存在が、指示という構造をそなえていることは確認した。このことは、手元存在者そのもののうちに、指示されてあることという性格があるということである。その存在者が、こうした手元的な存在者としてあることで、あるものに向けて〈指示されてある〉のである。この存在者はそうした［存在者として、あるものに向けて指示されているという］事実において露呈されているのである。そのものは適材であるそのものをもって（ミット）、あるもののもとで（バイ）、適所をそなえているのである。手元的な存在者の存在性格は、適材適所性である。適材適所という言葉には、〈あるものをもって［適材］、あるもののもとに適所をえさせる〉という意味がある。この「～をもって《ミット》、～のもとで《バイ》」という結びつきは、〈指示〉という言葉で暗示されているのである。

238　適材適所性と目的としての現存在

適材適所性は、世界内部的な存在者の存在のありかたであり、その存在者はつねにさしあたりこうした適材適所性に向けて、〈開けわたされている〉のである。世界内部的な存在者にはそれぞれの適材適所性がある。このような〈～をもって《ミット》、～のもとに《バイ》〉という適材適所性があるということは、それらの存在者についての存在者的な言明ではなく、存在論的な規定である。適材適所性が確認される〈そのもとで《ヴォバイ》〉は、有用性を示す〈何のために《ヴォツー》〉であり、使用可能性を示す〈何のために《ヴォフュア》〉である。有用性を示す〈何のために《ヴォツー》〉によって、存在者はまた独自の適材適所性をそなえることになる。

たとえばハンマーと呼ばれる手元存在者によって、その名前の示すように、振るう《ヘンメルン》こととしての適材適所性が示されるが、そこには同時に叩き固めることという適材適所性があり、さらに［叩き固めるという目的の背景を考えると］雨風から［住人を］守るために使うという適材適所性がある。この雨風から守ることは、現存在が宿泊する〈そのため《ウムヴィレン》〉であり、現存在の存在の可能性を守る〈そのため《ウムヴィレン》〉である。

ある手元存在者にどのような適材適所性があるかということは、適材適所性の全体によってつねにあらかじめ素描されている。こうした適材適所性の全体が、たとえばある仕事場にそなえられている手元存在者を、それぞれの手元存在性において構成するのであり、それは個々の道具に「先立って」いるのである。同じように、さまざまな家具と不動産をそなえている家屋の適材適所性も、これらの個々のものに「先立って」いるのである。

しかし適材適所性の全体そのものは、究極的な有用性としての〈何のために《ヴォツー》〉に帰
113 着し、この「究極の」〈何のために《ヴォツー》〉は、それ以上はいかなる適材適所性ももたない。この〈何のために〉は、それ自身が世界の内部にそなわる手元的なものという存在様式で存在する存在者ではない。この存在者は、その存在が世界内存在として規定されていて、その存在機構が世界性そのものを含んでいる存在者［すなわち現存在］である。この第一義的な〈何のために《ヴォツー》〉は、〈そのもとで《ヴォバイ》〉何らかの適材適所性が確認されうるような〈そのために《ダツー》〉あるものではない。この第一義的な「何のために《ヴォツー》」は、〈そのための目的《ヴォルムヴィレン》〉なのである。この「そのため《ウムヴィレン》」は、つねに現存在の存在にかかわ

るのであり、現存在はその存在において本質的に、みずからの存在そのもののために（ウム）、それとかかわるのである。

ここで、適材適所性の構造から現存在そのものの存在にいたる結びつきを素描したが、これについては、もっと深く考察するのはやめておくことにしよう。現存在は本来的で唯一の〈そのための目的《ヴォルムヴィレン》〉なのである。それよりもここでは、「適材適所をえさせる」ということをさらに解明して、世界性という現象についてそもそも問題を提起することができるまでに、そのように規定できるようにしておく必要がある。

239　適材適所をえさせること

「適材適所をえさせる」ということが存在者的に意味しているのは、ある事実的に配慮する気遣いのうちで、ある手元的な存在者を、それが今あるとおりに、それが今存在するように、そのように存在させておくということである。(4) この「今あるとおりに」「存在させておく」ということのこうした存在者的な意味を、わたしたちは原則的に存在論的な意味で把握する。わたしたちはこれによって、世界内部的にさしあた

85

り手元存在的にそなわっているものに先立って〈開《あ》けわたされる〉ことの意味を、解釈しようとするのである。

この先立って「存在」させておくということは、何かをあらかじめ存在するように持ちだし、制作することを意味するものではない。そのつどすでに「存在しているもの」を、その手元的なありかたにおいて露呈させ、このようにして存在する存在者として、出会わせる(5)ということである。これは「アプリオリな」意味で〈適材適所をえさせること〉と表現できるだろうが、これは手元存在者に、そのようなものとして出会うことを可能にする条件である。これによって現存在は、このようにして出会う存在者との存在者的な交渉において、その手元存在者に存在者的な意味で〈適材適所をえさせる〉ことができるようになる。

これとは対照的に、存在論的な意味で〈適材適所をえさせる〉ということを考えるならば、それはそれぞれの手元存在者を手元存在者として〈開けわたさせる〉ことを意味するのである。その場合にはその手元的な存在者が、存在者的な意味で適材適所
114 をえているか、あるいは存在者的な意味では適材適所をえていないままに存在しているかとは、かかわらないのである。こうした意味で適材適所をえていない存在者は、

さしあたりたいていは配慮的な気遣いの対象となっているものではあるが、わたしたちはそのように露呈させた存在者として、そのままで「存在」させず、それを加工したり、改善したり、破棄したりするのである。

240 アプリオリに完了した状態

適材適所をえさせるために〈開けわたされ〉て、〈すでに適材適所をえている〉ようになったものは、アプリオリに完了した[6]状態にある。この〈アプリオリに完了した〉という事態は、現存在の存在様式の特徴なのである。〈適材適所をえさせること〉を存在論的に理解すると、これは環境世界の内部において手元的に存在させるために、存在者を先行的に〈開けわたしておくこと〉を意味する。適材適所をえさせるその〈何のもとで《ヴォバイ》〉から、適材適所性の〈何によって《ヴォミット》〉が、〈開けわたされる〉のである。その存在者は、こうした手元的に存在するものとして配慮する気遣いに出会うのである。配慮的な気遣いにたいして、そもそもある存在者が示されるのであれば、そうした存在者がその存在において露呈されているのである。そしてそのかぎりは、それはそのつどすでに環境世界的に手元的に存在するものであり、「さしあたり」ようやく眼前的に存在するだけの「世界の素材」のようなものではない。

241 「露呈されていること」という語の問題点

手元的な存在者の存在には、このような適材適所性がそなわっているのであり、適材適所性の全体がそのつどあらかじめ露呈されていないかぎり、こうした適材適所性そのものが露呈されることはない。露呈された適材適所性のうちには、すなわちわたしたちが出会う手元存在者のうちには、すでに手元存在者の世界適合性と呼んだものが、あらかじめ露呈されて潜んでいるのである。このようにあらかじめ露呈された適材適所性の全体は、世界への存在論的な結びつきをおのれのうちに秘めているのである。

適材適所をえさせることによって、存在者はその適材適所性の全体へ向かって〈開けわたされる〉のであるが、そのためにはその存在者が〈開けわたされる〉ところの《ヴォラウフ》その場所《ヒン》は、すでに何らかの形で開示されているはずである。環境世界的な手元存在

115 者がそこへと〈開けわたされる〉その場所《ヴォラウフヒン》は、その存在者が何よりも世界内部的な存在者として、近づくことのできるところでなければならないものの、それ自体をこのようにして露呈された存在様式をそなえた存在者として把握することはできない。これからは、現存在とされるにふさわしくないすべての存在者の存在可能性を示す用語として、露呈されていることという言葉を使うことにするが、このような場所は、本質的に「露呈される」ことができないものなのである。

242　世界内存在の理解

それならば、世界内部的な存在者がさしあたり〈開けわたされる〉ところ《ヴォラウフ》のその場所《ヒン》は、あらかじめ開示されていなければならないという「前の文章の」言葉は、何を言おうとするのだろうか。現存在の存在には、存在了解がそなわっている。了解されたことは、理解する営みのうちにある。ところで現存在には世界内存在という存在様式が本質的なものとしてそなわっているのだから、現存在の存在了解の内容の本質的な構成要素として、世界内存在への理解が含まれているはずである。世界内部的に［現存在が］出会うものが〈開けわたされる〉ところのその場所《ヴォラウフヒン》が、あらかじめ開示されていることは、現存在が存在者としてすでにつねにかかわっているその世界を、現存在は理解しているということである。

243　世界の世界性

［適材適所性の構造を、適材「～をもって」と適所「～のもとに」によって示す表現である］〈～をもって《ミット》、～のもとで《バイ》〉先行的に適材適所をえさせるという表現が根拠としているのは、適材適所をえさせるというのはどういうことかということが、そして適材適所性の〈何のもとで《ヴォバイ》〉とはどのようなところかということが、そして適材適所性の〈何によって《ヴォミット》〉とはどのようなものかということが、すでに理解されているということである。

これらのすべての事柄と、その根底にあるのは、適材適所性がそこで発揮される目的を示す〈そのために《ダツー》〉と、そのすべての有用性のもつ目的としての〈何のために《ヴォツー》〉が究極的に帰着する［現存在の］〈そのための目的《ヴォルムヴィレン》〉である。これらのすべてがある種の了解可能性のもとで先だって開示されていなければならないのである。

それでは現存在が世界内存在として、そのうちでみずからを前存在論的に理解しているのは、どのようなものだろうか。現存在は、これまで指摘したさまざまな連関を理解しながら、本来的な存在可能や非本来的な存在可能を明示的に、あるいは暗黙のうちに選びとりながら、みずからそうしたありうべき目的として、何らかの〈～のため《ウムツー》〉へとみずからを指示している。こうした〈～のため〉が、適材適所をえさせることが可能となる〈何のもとで《ヴォバイ》〉としての用途と、〈そのために《ダツー》〉としての目的をあらかじめ素描しているのであり、これによって、〈適材適所をえさせること〉そのものが構造的に、何らかのものによって（ミット）、適材適所をえさせているのである。現存在はみずから現に存在するものとして、そのつどつねにすでにある存在者を手元存在的なものとして出会わせるのであり、みずからの〈そのための目的《ヴォルムヴィレン》〉に基づいて、適材適所性の〈何によって《ヴォミット》〉へと、みずからを指し示しているのである。現存在がこのように自己を指し示すという様態で、あらかじめ自己を先だって理解しているそのところ（ヴォリン）こそが、存在者を先だって出会うようにさせる〈ところのその場所《ヴォラウフヒン》〉なのである。

[現存在が] 自己を指示する理解の〈そのところ〉（ヴォリン）が、同時に適材適所
116 性という存在様式で、存在者を出会うようにさせる〈ところのその場所〉（ヴォラウフヒン）でもあるということが、世界という現象なのである。そして現存在がみずからを示しながらそこに向かう〈ところのその場所《ヴォラウフヒン》〉の構造が、世界の世界性を形成するのである。

244 〈世界との親しみ〉

現存在はそのつどすでにみずからをそのところ《ヴォリン》で、このような形で理解しているのであり、このものに現存在は根源的に親しみを感じている。このように現存在が世界と親しんでいるとしても、現存在は世界を世界として構成しているさまざまな関連を理論的に洞察している必要はない。しかしこうした関連を明示的に、存在論的かつ実存論的に解釈することができるためには、現存在を構成するという意味をもつこうした〈世界との親しみ〉がすでに存在していなければならない。そしてこの〈世界との親しみ〉は、現存在の存在了解のうちにともに含まれているのである。このような解

釈が可能であることは、現存在が自己の存在とそのさまざまな可能性について、そして存在一般の意味について、根源的に解釈することをみずからの課題と定めているならば、明示的に把握することができるものである。

245　新たな課題

ただしこれまでの分析では、世界や世界性というものを探し求めるための地平が、やっと開かれたにすぎない。これからの考察においては、現存在が自己を指示する関連を、存在論的にどのようなものとして把握すべきかを、まず明らかにしておかなければならない。

246　「意義を示す働き」と現存在

理解については、後に（第三一節で）さらに詳細に分析するが、理解のうちには、すでに示してきた関連が、あらかじめ開示された形で保持されている。理解はこうした関連のうちにみずからを親しく維持しながら、こうした関連こそがみずからの指示が働くべき場面として、自分の前に保持しているのである。理解はこれらの関連のうちで、それらの関連そのものによって、みずからを指示させるのである。指示の働きのうちにあるこうした諸関連の関連づけという性格を、わたしたちは意義を示す働き（ベ・ドイテン）と呼ぶ。

現存在はこれらの諸関連との〈親しみ深さ〉のうちに、自分自身に「意義を示す働き」をするのである。すなわち現存在はみずからの世界内存在について、自己の存在と存在可能を根源的に理解させるのである。〈そのための目的《ヴォルムヴィレン》〉は、〈～のため《ウムツー》〉の意義を示す働きをし、〈～のため《ウムツー》〉は〈そのために《ダツー》〉の意義を示す働きをし、〈そのために《ダツー》〉は適所をえさせる〈何のもとで《ヴォバイ》〉の意義を示す働きをし、〈何のもとで《ヴォバイ》〉は適材適所性をもたらす適材としての〈何によって《ヴォミット》〉の意義を示す働きをする。

これらの関連は、たがいに根源的な全体性を構成しながら相互に関係しあっているのであり、〈意義を示す働き〉として、こうした関連として成立しているのである。この〈意義を示す働き〉のうちで現存在は、みずからの世界内存在を先だってみずからに理解させているのである。この〈意義を示す働き〉の関連の全体を、わたしたちは有意義性（ベドイトザムカイト）と名づける。この有意義性は世界の構造であり、
117 この世界の構造のもとに現存在[7]はつねにすでにそうしたものとして存在しているのである。

現存在が有意義性に親しんでいることは、存在者が露呈されることが可能であるための存在者的な条件である。存在者は適材適所性（手元存在性）という存在様式のもとで、世界のうちで現存在と出会うのであり、そのようにしてみずからに固有のありかたにおいて、みずからを告げ知らせることができるのである。現存在は現存在であるかぎり、そのつどこのような存在者であり、現存在が存在することで、手元存在者の連関が本質的なものとしてすでに露呈されているのである。現存在はそのようにして存在するかぎり、みずからを[8]つねにすでに出会うべき「世界」へと差し向けられた《アンゲヴィーゼン》[9]ものとしているのであり、現存在の存在には、このように世界に差し向けられていること（アンゲヴィーゼンハイト）が本質的なものとしてそなわっているのである。

247　言語の条件

現存在はつねにすでにこの有意義性に親しんでいるのだが、この有意義性そのものは、理解する現存在が解釈しながら、「意義」のようなものを開示することができるようにするための存在論的な条件を含んでいる。そしてこうした「意義」がさらに、言葉や言語の存在の可能性を根拠づけているのである。(10)

248　有意義性の意味

開示された有意義性は、現存在の実存論的な機構であり、現存在の世界内存在の実存論的な機構でもある。これは適材適所性の全体を露呈させることができるようにするための存在者的な条件なのである。

249　**二つの疑問**

しかし疑問となるのは、手元存在者の存在、すなわち適材適所性を、そして世界性そのものまでを、このような一連の指示連関として規定するならば、世界内部的な存在者の「実体的な存在」が、ある関係の体系のうちに消滅してしまうのではないか、そして関係というものはある意味ではつねに「思考されたもの」であるので、世界内部的な存在者の存在が、「純粋な思考」のうちに解消されてしまうのではないかということである。

250　**三つの存在様式と関数概念**

現在わたしたちが分析を進めている分野において、存在論的な問題構成の構造と次元について、これまで繰り返し指摘しておいた差異が存在していることを原理的に明確に区別しておく必要がある。これらの「存在論的な」差異は第一に、さしあたり出

会われる世界内部的な存在者の存在、すなわち手元存在性であり、第二に、さしあた
118 り出会われる存在者をつうじて、それを露呈することを目指す独自の態度で進んでい
くときにみいだされ、規定されるその存在者の存在、すなわち眼前存在性であり、第
三に、世界内部的な存在者一般を露呈させることができるための存在者的な条件の存
在、すなわち世界の世界性[11]である。

第三に挙げた存在は、世界内存在、すなわち現存在の実存論的な規定である。これにたいして第一と第二の存在の概念はカテゴリー的なものであり、現存在の存在様式ではない存在様式をそなえた存在者に適用されるものである。有意義性として世界性を構成する指示連関は、形式的には関係の体系という意味で理解することができる。ただしそこで注意する必要があるのは、このような形式化によって現象が著しく平均化されてしまい、現象のほんらいの内容が失われてしまうということである。とくに有意義性のうちに含まれている「単純な」関連の場合には、その危険性が高いのである。

こうした〈～のため《ウムツー》〉、〈そのため《ウムヴィレン》〉、適材適所性の〈何によって《ヴォミット》〉などのあいだの「関係」や「関係項」は、そこに含まれる現象的な内容のために、数学的に関数化す

ることがふさわしくないものである。またこれらのものは「思考」のうちで初めて定式化されるという意味で、「思考されたもの」ではなく、配慮的な気遣いをする目配り《ウムジヒト》のうちにつねにすでに宿っている諸関連なのである。

世界性を構成する要素であるこれらの「関係体系」は、世界内部的に手元存在するものの存在を消滅させてしまうようなものではなく、反対に世界の世界性という根拠があることで、こうした存在者が初めてその「実体的な」「そのもの性《アンジヒ》」において、露呈させられることができるようになる。

そしてそもそも世界内部的な存在者に出会うことが可能であるからこそ、これらの存在者全体の領域で、ただ眼前的に存在するだけのものに近づくことができるのである。この存在者は、〈ただ眼前的に存在するだけのもの〉というありかたに基づいて、それぞれの「特性」について数学的に「関数概念」で規定することはできる。しかしこうした関数概念が存在論的にそもそも可能であるのは、純粋な実体性という存在性格をそなえた存在者においてだけである。関数概念は、形式化された実体概念としてしか、可能ではないのである。

251 好ましくない事例

119 世界性に固有な存在論的な問題構成を、以下で鋭く浮き彫りにしてみよう。ただしそのために、分析をつづける前に、ある極端な好ましくない事例によって、世界性の解釈の特徴を明確にしておくことにしよう。

訳注

(1)【欄外書き込み】「露呈されている」のところの欄外に、「照らしだされている」と書かれている。

(2) フライゲーベンという動詞をこの訳書では「開《あ》けわたす」と訳す。辞書的には「明けわたす」であるが、世界が開かれることの意味を含めて、こう訳している。

(3)「害をなすものであること《アプトレークリヒカイト》」については、これまでとくに触れられていない。この概念は三〇節で「恐れ」の考察との関連で提起されている。

（4）【欄外書き込み】「存在させておく」のところの欄外に、「存在 Seyn させること。これについては『真理の本質』を参照されたい。この書物では〈存在させること〉について原則的に、また広範な意味で、すべての存在者についても「考えている」！」と書かれている。

（5）【欄外書き込み】「出会わせる」のところの欄外に、「すなわちその真なるありかたで現成《ヴェーゼン》するようにさせること」と書かれている。

（6）【欄外書き込み】「完了した《ペルフェクト》」のところの欄外に、「この同じ段落では、〈先だって開けわたされていること〉が問題とされている。すなわち（一般的に語るならば）、存在者があらわになるありかたが可能となるために、存在が「先だって開けわたされている」ということである。このような存在論的な意味での〈先だって〉ということは、ラテン語では〈アプリオリな〉と表現されるのであり、ギリシア語では〈本性からして先立つもの《プロテロン・テー・フュセイ》〉と言われる（アリストテレス『自然学』第一巻第一章参照）。さらに詳しくはアリストテレス『形而上学』第六巻、一〇二五B二九の〈本質《ト・ティ・エーン・エイナイ》〉について、すなわち〈すでにあったもの、であること〉と〈そのつどすでに生成していたこと〉、既往（ダス・ゲヴェーゼン〉、完了《ペルフェクト》の意味を参照されたい。ギリシア語の動詞〈存在する《エイナイ》〉は完了体をもたない。完了していることが、ここでは〈あったところのもの《エーン・エイナイ》〉として表現されているのである。［ここで問題とされているのは］存在者的に過ぎ去ったもののことではなく、そのつどに〈先なるもの〉なのであり、わたしたちは存在者そのものへの問いにおいて、そこに回帰するようにさせられているもののことである。それについては、アプリオリな完了という表現ではなく、存在論的な完了とか超越論的な完了という表現を使うこともできるよう（これについてはカントの図式論を参照されたい）」と書かれている。

（7）【欄外書き込み】「現存在」のところの欄外に、「現-存在であり、そのうちで人間が現成する《ヴェーゼン》」と書かれている。

（8）【欄外書き込み】「みずからを」のところの欄外に、「ただし主観の自我が行う［フィヒテ的な］〈事行《タートハンドルグ》〉としてではない。むしろ現存在として、存在としてである」と書かれている。

（9）「差し向けられたもの」と訳したアンゲヴィーゼンという語の二重の意味に

ついては、解説の二七六ページ以下を参照されたい。

(10)【欄外書き込み】「根拠づけている」のところの欄外に、「正しくない。言語というものは、「根拠づけられるものとして」積み重ねられて作られたものではなく、むしろ現《ダー》としての真理の根源的な本質である」と書かれている。

(11)【欄外書き込み】「世界の世界性」のところの欄外に、「これは世界の統治《ダス・ヴァルテン・デア・ヴェルト》とすべきであろう」と書かれている。

B　世界性の分析とデカルトによる世界の解釈の対比

252

デカルトの世界の解釈の欠陥

世界性の概念と、この現象に含まれている構造は、一歩ずつ確実な歩みによって探求することしかできない。もしも世界の解釈を、さしあたり世界内部的な存在者から始めたならば、もはや世界という現象がまったくみえなくなってしまうだろう。わたしたちはここでそのような［悪しき］解釈の進め方を採用したおそらくもっとも極端な［好ましくない］事例を考察することで、このような［解釈の］始め方［の誤謬］を存在論的に明確に示すことにしよう。

以下ではデカルトにおける「世界」の存在論の根本的な特徴の概要をまず手短に示し、さらにそれが前提にしているものは何であるかを問い尋ね、これまでのわたしたちの分析の成果に基づいて、こうした前提の特徴を明らかにすることにしよう。こうした解明によって、デカルト以前の世界の解釈はもとより、デカルトの後に登場した世界の解釈が、原理的な議論の行われていない存在論的な「基礎台」にどれほどまでに依拠していたかが、明らかになるだろう。

253　デカルトの「世界」の存在論の解釈の構成

デカルトは、世界の存在論的な根本規定が広がり《エクステンシオ》にあると考えた。この広がりは、［ほかの規定とともに］空間性を構成するものであるが、デカルトは広がりは空間性そのものだと考えたのである。たしかに空間性は何らかの意味で、世界を構成するものである。だからデカルトの「世界」の存在論を解明してみれば、環境世界と現存在そのものの空間性を積極的に解明するための消極的な手掛かりがえられるはずである。

わたしたちはデカルトの存在論を次の三点から考察する。

一　広がりのあるもの《レス・エクステンサ》としての「世界」の規定（第一九節）

二　この存在論的な規定の基礎（第二〇節）

三　「世界」についてのデカルトの存在論の解釈学的な考察（第二一節）

120

以下で展開する考察の詳しい根拠づけは、「コギト・スム」「わたしは考える、わたしは存在する」の現象学的な解体によって、初めて確立されることになる（これについては第二部第二篇を参照されたい）。

第一九節　広がりのあるもの《レス・エクステンサ》としての「世界」の規定

254

実体概念の二重性

デカルトは思考するもの《レス・コギタンス》としての「わたしは考える《エゴ・コギト》」を、物体的なもの《レス・コルポレア》から区別する。この区別がその後に、存在論的に「自然と精神」の区別を規定するようになる。この対比は、存在者的にはさまざまな内容的な変形のもとで確定されたのであるが、この対比の存在論的な基礎は、そして「自然と精神という」対比される項そのものも、不明確なままである。この不明確さのもっとも近い〈根〉は、デカルトによって行われたこの「レス・コギタンスとレス・コルポレアの」区別にある。

デカルトはいかなる存在了解のもとで、これらの二つの存在者の存在を規定したのであろうか。それ自体で存在しているものの存在を表す名称は、実体《スブスタンティア》である。この表現はあるときには、実体として存在するものの存在、すなわち実体性を指し、あるときにはその存在者そのもの、すなわち一つの実体を指す。実体《スブスタンティア》にそなわることの二重の意味は、ウーシア(1)「実体」という古代の概念にすでにつきまとっていたものであり、偶然のものではない。

255 物体的なものの存在論的な規定——広がり

物体的なもの《レス・コルポレア》を存在論的に規定するためには、この存在者の実体について解明する必要がある。すなわちこの「物体的な」存在者を一つの〈実体〉とする〈実体性〉の概念を解明する必要がある。物体的なもの《レス・コルポレア》を本来〈それ自体で存在しているもの〉にしているものは何だろうか。一つの実体を実体として捉えること、その実体性を把握することは、そもそもどのようにして可能になるのだろうか。「実体はどのような属性によっても認識されるが、しかしそれぞれの実体には一つの主要な特性があって、これがその実体の本性および本質をなしており、他のすべての特性はこれに帰属させられる」[*1]。すなわち実体はその「属性」によって近づきうるものとなるのであり、またすべての実体は一つの特別な特性《プロプリエタス》をそなえているのである。この特性によって、

121 特定の実体の実体性の本質が、わたしたちに読みとることのできるものとなる。物体的なもの《レス・コルポレア》について言えば、何がこの「実体性を示す」特性なのだろうか。「すなわち長さ、幅、深さにおける広がりが、物体的な実体の本性を構成している」*2。ということは、長さ、幅、および深さからなる広がりが、わたしたちが「世界」と名づけている物体的な実体の本来の存在を構成しているということである。それでは広がり《エクステンシオ》に、このような重要な地位が与えられるのはどうしてだろうか。「なぜなら物体に属しうる他のすべてのものは、広がりを前提としているからである」*3。すなわち広がりは、ここで検討している存在者の存在機構そのものであり、この存在機構が先立って「存在している」のでなければ、他のいかなる存在規定も、存在規定として「存在する」ことができないのである。だからこの広がり「という規定」は、物体的なものに、第一義的に「割り当て」られなければならないのである。

これに応じて、広がりの証明も、広がりという特性によって性格づけられる「世界」の実体性についての証明も、他のすべての規定性、とくに分割《ディウィシオ》、形《フィグラ》、運動《モトゥス》が、広がり《エクステンシオ》のたんなる諸様態《モディ》としてしか捉えることができず、その反対に、形や運動なしの広がり《エクステンシオ・シネ・フィグラ・ウェル・モトゥ》も理解できることを示すという形で遂行しなければならないのである。

256　物体の多様な様態

こうして物体的なものは、その全体の広がりを維持しながらも、さまざまに異なる次元において、その全体の広がりの割り当てをさまざまに変化させながらも、一つの同一の事物でありつづけ、その多様な形において現れることができるのである。「また同じ一つの物体がその量を一定に保ちながら、多くのさまざまな様態で広がりをもちうる、つまりあるときは、長さが大きくなって、幅や深さが小さくなり、そのすぐ後では逆に、幅が大きくなって、長さが小さくなる、というような場合がそれである」[*4]。

257　実体の実体性としての広がり

形は広がり《エクステンシオ》の一つの様態であり、運動もまた別の様態である。というのも運動《モトゥス》を把握できるのは、「場所的な運動以外のことを考えることなく、運動を引き起こす力については問わない場合」[*5]だけだからである。運動が物体的なもの《レス・コルポレア》の存在者的な特性であるならば、それをその存在において経験できるようにするためには、運動をその存在者そのものの存在から、すなわち広がり《エクステンシオ》から、つまり純粋な場所の移動として把握しなければならない。

122 たとえば「力」というようなものは、この存在者の存在の規定には含められない。さらに固さ《ドゥリィティエス》、重さ《ポンドゥス》、色《コロル》などの規定を物質からとりのぞいても、物質はそれまでと同じ物質のままである。これらの規定は物質の本来的な存在を構成するものではなく、それらがある場合にも、それらは広がり《エクステンシオ》の諸様態にすぎないのである。

デカルトは「固さ」についてこれを詳細に説明しようとした。「たとえば固さについて言えば、感覚が固さにおいて告げることはただ、固い物体を手で押すときその物体の諸部分がその手の運動に抵抗するということ以外の何ものでもない。実際に、もし手がある方向に向かって動き、そしてその場にあるすべての物体が手が進む速さと同じ速さで退くとすれば、われわれは固さをまったく感じないはずである。しかしだからと言って、このように後退する物体がそのために物体の本性を失うとはとうてい

123

考えられない。したがって物体の本性は固さには存しない」[*6]。

固さは触ることで経験される。それでは固さについての触覚は、わたしたちに何を「告げる」のか。固いものの諸部分は、手の運動に、たとえば押し退けようとする運動に「抵抗する」。ところが固い物質、すなわちへこまない物体が、物体を「押し進めようとする」手の場所の変化が起こるのと同じ速度でその場所を変えるならば、手と物体は決して接触しないだろうし、固さは経験されず、決して存在しないだろう。しかしこのような速度で後退していく物体がこれによってその物体としての存在をいささかでも失うとは、まったく考えられない。「固さ」というものが不可能になるほどに、その物体が速度を変化させても、物体がその物体としての存在を維持するのであれば、固さはこうした存在者の存在には属さないことになる。

「同じ理由によって、物体的な物質の中に感じられる重さ、色、その他すべてのこうした性質は、たとえ物体的な物質から取り去られても、物体的な物質は完全にそのまま残りつづけることを示すことができる。したがってこうした広がりの本性は、これらの性質のいずれにも依存しないことが結論される」[*7]。

したがって物体的なもの《レス・コルポレア》の存在を構成するのは広がり《エクステンシオ》であって、これは「いかようにも分割され、形を変えられ、運動させることができるもの[2]」、すなわち分割可能性と形態化と運動というそれぞれの様式で変化しうるものである。これらは「さまざまな変化をうけいれることのできるもの[3]」であって、そうした変化のうちで完全に維持され、残りつづける《レマネット》ものである。物体的な事物においてこのような「つねに残りつづけるもの」という条件をみたすものが、その事物において本来存在するものなのである。このように本来存在するものというのが、実体の実体性の特徴なのである。

原注

＊1　デカルト『哲学原理』第一部五三節、二五ページ（アダン・タヌリ版全集、第八巻）［邦訳は三輪正・本多英太郎訳『デカルト著作集』第三巻、白水社、六一ページ。この節でのデカルトからの引用はラテン語で示されている。ここで「広がり」と訳した語は、延長と訳されることも多い］。

＊2　同。

＊3　同。

＊4　同、第六四節、三一ページ［邦訳は同、六八〜六九ページ］。

＊5　同、第六五節、三三ページ［邦訳は同、六九ページ］。
＊6　同、第二部四節、四二ページ［邦訳は同、八三ページ］。
＊7　同。

訳注
（1）【欄外書き込み】「ウーシア」のところの欄外に、「そのとおりであり、オンについてもまったく同じことが言える。すなわちト・オンはまず存在していること（存在者として存在していること）を示し、第二に存在者を［意味している］のである」と書かれている。
（2）ハイデガーはここを omnimodo divisibile, figurabile et mobile とラテン語で表記している。
（3）ハイデガーはここを capax mutationum とラテン語で表記している。

第二〇節　「世界」の存在論的な規定の基礎

258　二種類の実体

広がりのあるもの《レス・エクステンサ》の存在論的な性格づけをするために「デカルトが」依拠している存在の理念は、実体性である。「実体という言葉でわれわれが理解しうるものは、存在するために他のいかなるものをも必要とすることなく存在しているもの以外の何ものでもない」[*1]。すなわち「実体」という語でわたしたちが理解するのは、存在するためには、他のいかなる存在者も必要としないという形で存在しているもののことである。「実体」の存在はこのように、「ほかに」何も必要としないという性格をそなえている。その存在において、ほかのいかなる存在者も絶対に必要としないものこそが、本来の意味で実体の理念を満たす。この存在者はもっとも完全な存在者《エンス・ペルフェクティッシムス》である。「まったく何ものをも必要としない実体としては、確かにただ一つ、すなわち神しか理解することができない」[*2]。ここで「神」とは、もっとも完全な存在者《エンス・ペルフェクティッシムス》として理解されるかぎり、純粋に存在論的な名称である。

しかし同時に神という概念に「自明のものとして」含まれる意味によって、実体性を構成する契機である〈［ほかに］何も必要としない〉ことについて、存在論的に解釈を加えることができるようになる。「実際、ほかのすべての実体が、神の協力なしには存在できないことはわれわれの承知していることである」[*3]。すなわち神でないすべての存在者は、もっとも広い意味で制作されること、そして維持されることを必要とする。すなわち眼前的な存在者として制作される必要があるか、それとも制作される必要がないか、この違いが「存在」を理解するための地平となっているのである。

神でないすべての存在者は、被造物（エンス・クレアトゥム）である。神と被造物という二つの存在者のあいだには、それぞれの「存在」について「無限の」差異がある。それでもわたしたちは被造物も創造主も、どちらも存在者と呼ぶのである。だからわたしたちは〈存在〉という語を、こうした「無限の」差異を包括するほどの広い意味で使っているわけである。そのためわたしたちが、被造物である存在者も〈実体〉と呼んでいるのは、ある程度は正当なことなのである。

しかしこの存在者は、神との対比では制作され、維持される必要があるものであるが、創造された存在者の領域の内部には、すなわち被造物《エンス・クレアトゥム》の意味での「世界」においては、被造物（たとえば人間）の制作と維持にたいして、「ほかの存在者を必要とせずに」存在しているものがある。このような実体には二種類ある。思考するもの《レス・コギタンス》と広がりのあるもの《レス・エクステンサ》である。

259 実体の存在の意味

ところで、広がり《エクステンシオ》をその卓越した特性《プロプリエタス》とするこの実体の存在を、存在論的な観点から原理的に規定することができるためには、これまで述べてきた三種類の実体（すなわち一つの無限な実体と、二つの有限な実体）に「共通する」存在の意味を解明しておく必要がある。

しかし「実体という言葉は、神とそれ以外の実体では、スコラ学でよく使われる言い方をすれば、一義的にはあてはまらない。いいかえると、神と被造物とに共通な[*4]」ようにはあてはまらない。デカルトがここで触れているのは、中世の存在論で繰り返し検討された問題であり、存在という語の意義は、そのつど語られる存在者をどのように指し示すのかという問題である。

「神は存在する」とか「世界は存在する」という言明で、わたしたちは存在について語っている。しかしこれらの二つの存在者のあいだには、存在のしかたに無限の差異があるのだから、この「存在する」という語は、これらの二つの存在者を一義的に（［ギリシア語では］シュノーニュモース、［ラテン語では］ウニウォケ(1)）意味することはできないはずである。もしもここで「存在する」という語の意義が一義的なものであったならば、創造されたもの［世界］を創造されていないもの［神］として語ることになってしまうか、あるいは創造されていないもの［神］を創造されたもの［世界］の地位にまで引き下げてしまうことになるだろう。

しかしまた「存在」という語は、たんなる［異なるものを同じ名前で呼ぶ］同名の語として使われているのではなく、どちらの場合にも「存在すること」が［同じ意味
125 で］理解されているのである。スコラ学では、「存在」の意義の積極的な意味として、「類比的な」意義があると考え、これを一義的な意義や同名の意義とは異なるものと考えた。そもそもこの問題は、ギリシアの存在論の口火を切ったアリストテレスが問

い始めたものであり、［スコラ学では］アリストテレスにしたがって、さまざまな類比のありかたが定められたのであり、存在の意義の機能をめぐって、さまざまな「学派」が異なる見解を示しているほどである。

デカルトはこの問題に存在論的に徹底的に取り組むという姿勢では、スコラ学に大きく遅れをとっており[*5]、むしろこの問題の考察を回避している。「神と被造物に共通なその言葉（実体）の意味は、判明には理解できない」[*6]というのである。デカルトがこのように考察を回避したということは、実体という理念のうちに含まれている存在の意味についても、この意義の「普遍性」の性格についても、解明しないままにしているということなのである。

ただし存在そのものの意味がどのようなものであるかについては、中世の存在論も古代の存在論もほとんど問い質すことがなかった。だから存在の意義についての問いがまったく前進しなかったのも不思議ではない。そもそも意義が「表現している」はずの〈存在の意味〉についてまったく解明されないままで、この問いが問われるかぎり、こうした問いが前進するはずもないのである。存在の意味は解明されないままであり、それを「自明なこと」とみなしていた[(2)]からである。

260 デカルトの問いの回避

デカルトは、実体性についての存在論的な問いを総じて回避しているだけではなく、 94
実体そのもの、実体の実体性は、あらかじめそれ自体に問い掛けても、それ自体だけでは近づくことのできない性格のものであることを、明示的に強調している。「しかしながら、実体は存在している事物であるからといって、すぐさま見いだされうるものではない。というのも、このことだけでは、われわれを触発することがないからである」[*7]。すなわち「存在」そのものはわたしたちを「触発する」ことがない、だから
126 知覚できないのである。カントの表現によると「ある（ザイン）」が実在的な述語(3)ではない(4)」ということになるが、これはデカルトの命題を繰り返したにすぎない。

こうして存在について純粋に問うための問題構成の可能性が原理的に断念されたのであり、その代わりに一つの逃げ道が探された。すでに述べた実体についての諸規定は、その逃げ道の途上で獲得されたものである。すなわち「存在」にはたしかに存在者から近づくことはできないのであるから、存在をそれぞれの存在者にそなわる存在

者的な規定、すなわち属性によって表現することにしたわけである。ただし任意の属性ではなく、暗黙のうちに前提されていた存在の意味と実体性の意味にもっとも純粋にふさわしいような属性で表現するのである。

物体的なもの《レス・コルポレア》としての有限な実体《スブスタンティア・フィニタ》に、第一義的で必然的な形で「割り当てられたもの」は、広がり《エクステンシオ》である。「そればかりか、考えるとか広がりがあるとかいうことを無視して、実体をそれだけで理解するよりも、広がりのある実体とか考える実体とかを理解するほうが、はるかに容易なのである」*8。というのも、実体性は、実体的な存在者そのもののように実在的に《レアリテル》(5)分離されて、眼前存在するものではなく、たんに理性的に《ラティオネ・タントゥム》考えられただけのものだからである。

261　問題解決のために必要なもの

こうして広がりのあるもの《レス・エクステンサ》としての「世界」という規定の存在論的な基礎が明らかになってきた。その基礎とされたのは、「世界の」実体性の理念であって、この理念は、その存在の意味が解明されないままであるだけではなく、解明することができないと主張されたのである。その代わりにその理念は、それぞれの実体のもっとも卓越した実体的な特性によって記述されたのである。このように実体が実体的な存在者によって規定されているために、実体という用語に両義的な意味がそなわるようになった。この用語によって人々が目指しているのは実体性であるのに、実体が存在することでもっている一つの性質によって、実体が理解されているのである。

　このようにして存在論的なものの根底に存在者的なものが置かれたために、実体《スプスタンティア》という語が、あるときは存在論的な意義で、あるときは存在者的な意義で使われ、多くの場合には違いがはっきりと示されないままに存在者的あるいは存在論的な意義で使われているのである。しかしこうした些細な意義の区別の背後には、実は
127 根本的な存在問題(6)が解決できないという事態がひそんでいるのである。この問題にとりくむためには、このような多義的なものとなった事態を正しい方法で「追跡する」必要がある。こうしたことを試みる者は、「たんなる語義」に「かかずらっている」のではない。こうした「ニュアンス」の問題を解決するには、「事象そのもの」につ 95
いての根源的な問題構成へと、あえて進まざるをえないのである。

原注

＊1　デカルト『哲学原理』第一部五一節、二四ページ［ハイデガーはラテン語で引用している。邦訳は前掲書、六〇ページ］。

＊2　同。

＊3　同。

＊4　同。

＊5　これについては、枢機卿カイエタヌスことトマス・デ・ヴィオの『小論集』（リヨン、一五八〇年）、第三巻第五論文「名称の類比について」二一一〜二一九ページを参照されたい。

＊6　デカルト『哲学原理』第一部五一節、二四ページ［邦訳は前掲書、六〇ページ］。

＊7　同、五二節、二五ページ［邦訳は前掲書、六一ページ］。

＊8　同、六三節、三一ページ［邦訳は前掲書、六八ページ］。

訳注

（1）【欄外書き込み】「ウニウォケ」のところの欄外に、「ある一貫した意義で」

と書かれている。

（2）【欄外書き込み】「みなしていた」のところの欄外に、「そしてある分かりやすさのうちに安住してしまった」と書かれている。

（3）【欄外書き込み】「実在的な述語」のところの欄外に、「〈実在的《レアル》な〉ということは、ある事象の内容に属したものであること、すなわちそれだけがわたしたちにこれこれの形でかかわりうる〈何か《ヴァス》〉に属しているものであることである」と書かれている。

（4）カント『純粋理性批判』段落703。邦訳は古典新訳文庫、中山元訳、光文社、第六分冊、七一ページ。

（5）【欄外書き込み】「実在的に《レアリテル》」のところの欄外に、「何かという内容として」と書かれている。

（6）【欄外書き込み】「存在問題」のところの欄外に、「存在論的な差異」と書かれている。

第二一節　「世界」についてのデカルトの存在論の解釈学的な考察

262　デカルトの存在論の問題点

ここで批判的な問いが問われる。この「世界」についての存在論は、そもそも世界の現象について探究しているのだろうか、そうでないというのであれば、少なくとも世界内部的な存在者について十分に規定し、それによってその世界適合性を明らかにできるようになっているだろうか。このどちらの問いにも、否定で答えねばならない。デカルトが広がり《エクステンシオ》によって根本的に存在論的に認識しようと試みた存在者はむしろ、さしあたり手元にある世界内部的な存在者を吟味した後でしか[1]、露呈させることができないような性格のものである。それはそうなのであるが、それでもこの特定の世界内部的な存在者、すなわち〈自然〉の存在論的な特徴づけを試みても、すなわち実体性の理念と、実体性の定義のうちにとりいれられている〈存在する《エクシスティット》〉とか

〈存在するためには《アド・エクシステンドゥム》〉という語の意味を明らかにしようと試みても、やはり暗がりへと迷い込んでしまうのである。それでも、神、自我《イッヒ》、「世界」を根源的に分離しようとする存在論によって、何らかの意味で存在論的な問題が立てられ、問いが進められるという可能性だけはあるのではないだろうか。

しかしこの可能性すら認められないとすれば、デカルトは世界について存在論的に間違った規定をしていただけではなく、デカルトの解釈と、デカルトが解釈において基礎としていたものに依拠するかぎり、世界の現象だけでなく、さしあたり手元に存在する世界内部的な存在者の存在についても、飛び越してしまわざるをえなかったことを、明示的に証明することが必要になる。

263　デカルトと自然科学的な認識

128 世界性の問題を提起した際に（第一四節）、この現象に近づくために適切な道を獲得することがきわめて重要であることを指摘しておいた[2]。デカルトが最初に設定した問題について批判的に解明する場合にも、デカルトがその存在を広がり《エクステンシオ》と定め、そのうえで「世界」の存在と同じものとみなしたその存在者に近づくための適切な通路《ツガング》として、現存在のどのような存在様式が与えられていたのかを、問う必要がある。〔デカルトによると〕この存在者に近づくための唯一で真正な通路《ツガング》は、認識作用《インテレクティオ》であり、しかも数学的かつ物理学的な意味での認識であるという。そしてこの数学的な認識とは、この認識によって捉えられた存在者のうちで、つねにその存在者の存在を確実に手元に確保しておくことができるような認識様式とされている。これによると、本当の意味で存在するものというのは、その存在様式からして、数学的な認識によって近づくことができる存在にもっともふさわしい形で存在するものであるということになる。

この存在者は、つねにそれがあるところのものでありつづけるような存在者である。そこで世界のうちで経験される存在者について、さまざまな変化をこうむりながら《レマネンス・カパックス》も維持されるもの《ムタティオヌム》という意味で、つねに残りつづけるものという性格をそなえていることが示されうる存在が、本来の存在であるということになる。本当の意味で存在するものは、つねに残りつづけるものであり、数学は、このようなものを認識するのである。

存在者において数学をつうじて近づくことのできるもの、それがこの存在者の存在を構成することになる。このようにして実体性の概念のうちに含まれていた存在についての特定の理念と、存在するものをこのような形で認識する特定の認識についての理念に基づいて、「世界」にたいしてその存在がいわば宣告されたのである。デカルトは、世界内部的な存在者の存在様式を、この存在者そのものに語らせるのではなく、世界にその「本来的な」存在のありかたを指定したのであるが、それは根源的にはあらわになっておらず、その正当性も証明されていない存在理念に、すなわち存在とは、たえず眼前的に存在するものであるという理念に、基づいていたのである。

だから世界の存在論はこのように規定された③のであるが、その規定は本源的には、たまたま高く評価されたある学問、すなわち数学に依存して行われたのではなく、つねに眼前的に存在するものの存在を、原理的に存在論的な方向性を示すものとして捉
129 えることで行われたのである。数学的な認識は、この存在を捉えるために、例外的に適していたにすぎない。このようにデカルトは哲学的にみると、伝統的な存在論のもつ強い影響力から離れて、近代の数学的な物理学とその超越論的な基礎へと進む道を明確に拓いたのである。

264 ノエインの優位とアイステーシスへの批判

デカルトには、世界内部的存在者にどのような通路《ツガング》によって近づくのが適切かという問題を立てる必要がなかった。伝統的な存在論の優位が揺らいでいなかったので、あらかじめ決定されていたのである。その方法はノエイン、すなわちもっとも広義に理解した「直観」であった。そしてディアノエイン、すなわち「思考」は、このノエインに基礎づけられた「把握の」遂行方式にすぎなかった。デカルトはこのような根本的な存在論的な方向性に基づいて、存在者に近づくことを可能にするその他の直観的で知覚的な方法、すなわち知性《インテレクティオ》と対比した意味での感覚《センサティオ》（アイステーシス）にたいして、「批判」を加えたのである。

265 感覚能力の限界と〈広がり〉

デカルトは、存在者がさしあたり、その本来の存在においてみずからを示さないことを十分に承知していた。「さしあたって」与えられているのは、特定の色と味をもち、固く、冷たく、叩けば響く、この蜜蠟という事物である。しかしこれは、一般に感覚能力が与えるものは、存在論的には重要ではないとされる。「ここでは次のことを指摘するだけで足りよう。それは、感覚的な知覚は、人間の身体と精神とのこうした結合体にかかわるだけであること、また通常は感覚的な知覚は、外部の物体がこの結合体「である人間」にとって、どれほど有益あるいは有害であるかを示してくれるだけ[*1]」なのである。

感覚能力はそもそも、存在者をその存在において認識させるものではなく、身体をもつ人間存在にたいして、「外部にある」世界内部的な事物が有益であるか、それとも有害であるかを告げ知らせるだけなのである。「それら［知覚］は、外部物体がそれ自体でどのようなものとして存在するかについては、われわれに教えてくれない[*2]」

のである。つまりわたしたちは感覚能力によっては、存在者の存在について解明する
ことができないのである。「こうしてわれわれには、物質すなわち普遍的に見られた
物体の本性が、固い物、重い物、色ある物、あるいはそのほかの何らかの仕方で感覚
130 を刺激する物であることに存するのではなく、ただ長さ、幅、深さにおいて広がりを
もつ物であることにのみ存することが分かるであろう」[*3]ということになる。

266 デカルトの欠陥

デカルトがどれほど、感性のうちでみずからを示してくるものに、その独自の存在様式を語らせることができなかったか、ましてやこうした独自の存在様式を規定することができなかったかということは、固さと抵抗の経験についてデカルトが行った解釈を批判的に分析してみれば、明らかになることである（第一九節参照）。

267　固さと抵抗を経験するための条件

固さは抵抗として捉えられている。しかし抵抗も固さも、現象的な意味においては理解されていない。すなわちそのもの自体において経験され、こうした経験において規定されうるものとしては理解されていないのである。デカルトにとって抵抗とは、その場所を譲ろうとしないこと、場所の交替をうけいれようとしないことにすぎない。その場合にはある事物が抵抗するということは、位置を変えつつある別の事物にたいして、相対的に一定の位置にとどまること、あるいはある速度で位置を変えながらも、別の事物から「追いつかれ」うるような速度でしか、位置を変えないことを意味する。固さの経験をこのように解釈することによって、感性的に知覚するという存在様式は消滅してしまう。それとともに、こうした感性的な知覚で出会った存在者を、その存在において把握する可能性も消滅してしまうのである。デカルトは、あるものを知覚するという存在様式を、彼が知っている唯一の存在様式に翻訳する。すなわちあるものを知覚するということが、眼前的に存在している二つの〈広がりのあるもの《レス・エクステンサ》〉が、

86 特定の形で並んで眼前に存在しているということに置き換えられてしまうのである。この二つの眼前的に存在する物の運動関係も、物体的事物の眼前存在性を第一義的に性格づける広がり《エクステンシオ》の様態の一つとされるのである。

たしかに触れる働きが「満たされ」うるためには、触れうるものが格別の「近さ」のもとにあることが必要である。しかしそのことは、触れることと、そこにおいて確認される固さというものが、存在論的にみて、二つの物体的な事物の速度の相違にあることを意味するものではない。固さと抵抗は、現存在という存在様式をもつ存在者が登場しなければ、少なくとも生命あるものという存在様式をもつ存在者が登場しなければ、まったく現れてこないものなのである。

268 デカルトの存在理念

このようにデカルトにとっては、世界内部的な存在者に近づくための通路の可能性
131 についての解明は、こうした存在者自体のうちにある特定の領域から読みとられた存在理念によって支配されているのである。

269 現存在を実体と捉えることの意味

デカルトの存在の理念は、存在を〈不断に眼前存在するもの〉と理解するものであり、これが動機となってデカルトは、世界内部的な存在者の存在に極端な規定を与えたのであり、そしてそれを世界一般と同じものとみなしたのだった。その理念はさらに、デカルトが現存在のさまざまなふるまいを存在論的に適切な形で視野にいれることを妨げた。そのために、あらゆる感性的な知覚や知性的な知覚が、世界内存在というありかたに依拠するものであることを見届けて、そうした知覚が世界内存在によって初めて可能になることを理解する道が、ますます完全に塞がれてしまったのである。そして世界内存在という根本的な機構をそなえた「現存在」の存在を、デカルトは〈広がりのあるもの《レス・エクステンサ》〉の存在と同じありかたにおいて、すなわち〈実体〉として捉えたのである。

98

270 デカルト批判への異論

しかしわたしたちがここで展開した批判的な解明は、デカルトの問いの地平のまったくの外部にあった課題を、彼の課題として押しつけようとするものではないだろうか、そうしておいて、その課題がデカルトによって解決されていないことを「証明する」ものではないだろうか。デカルトが世界という現象や、それとともに世界内部性のようなものをそもそもまったく知らなかったとしたら、どうして特定の世界内部的な存在者とその存在を、世界と同一のものとみなしたと「批判して」指摘することができるのだろうか。

271 これまでの解明で証明したこと

しかし原理的な対決の場にあっては、理論的な学説として把握できるテーゼだけに議論を限定することはできない。むしろその問題構成そのものの具体的な傾向に注目する必要があるのであり、こうした傾向が通俗的な見解の域を超えていない場合には、ことさらに注目する必要がある。ところがデカルトが〈思考するもの《レス・コギタンス》〉と〈広がりのあるもの《レス・エクステンサ》〉という概念によって、「自我と世界」という問題を設定しようとしただけではなく、それを根本的に解決したと自負していたことは明らかである。それは『省察』（とくに第一省察と第六省察を参照されたい）を調べてみればはっきりすることである。

わたしたちがこれまでの解明で証明したことは、まずデカルトがいかなる積極的な批判も加えずに、存在論的にみて根本的に伝統的な立場に依拠して考察していたために、現存在について、根源的で存在論的な問題構成を確立すべき場所を拓くことができず、そのために世界という現象を捉えるまなざしが歪められてしまったこと、さらに、「世界」の存在論が、「眼前的な存在者という」特定の世界内部的な存在者の存在論のうちに押し込まれざるをえなかったということである。

272 デカルト批判への新たな異論

132 しかしここで次のような異論が提起されるかもしれない。たしかにデカルトにおいては、世界の問題も、環境世界において身近に出会う存在者の存在の問題も問われないままになっていたかもしれない。それでもデカルトは、その存在のうちに他のすべての存在者が基礎づけられている当の世界内部的な存在者、すなわち物質的な自然[4]の存在論的な性格を確定するための土台を構築したのではないか。この物質的な自然こそがもっとも基本的な層であって、その上に、世界内部的な現実の残りの層が構築されているのではないだろうか。

さしあたり質的なものとして示されるその他の諸規定も、〈広がりのあるもの〉そのものに依拠しているのであり、それらの規定も「根本的には」〈広がり《エクステンシオ》〉そのものの様態を量的に変化させたものにほかならない。99 こうした「質的に規定された」質はまださらに還元することができるものであって、これに基づいて、美しい、醜い、ふさわしい、ふさわしくない、役に立つ、役に立たないなどの特殊な質が現れるのである。これらの質は、事物性を第一義的な基準とするならば、定量化することのできない価値的な述語として理解しなければならず、こうした述語によって、さしあたりは物質的に存在するにすぎない事物が、ある〈財〉という刻印をおびるようになるのである。

このようにいくつかの層を重ねていくことで、わたしたちが手元存在的な道具として存在論的に性格づけた存在者も考察されるようになる。デカルトによる「世界」の分析によって、さしあたりは手元的に存在するものの構造を、初めて確実に構築できるようになったのである。そこに欠けているのは、自然の事物を補足して、十全に使用できる事物にすることであって、こうした補足はたやすく実行することができるのである［と主張されるかもしれない］。

273

「価値」概念を利用する方法の挫折

しかし世界についての個別的な問題は別としても、この道によって、さしあたり世界内部的に出会うものの存在に、存在論的に到達することができるだろうか。そこでは、物質的な事物性という規定とともに、ある存在が不断に事物として眼前的に存在しつづけるという規定が、暗黙のうちに前提にされていないだろうか。そして「十全に使用できるかのような」〈価値〉を示す述語をあとから存在者につけ加えてみたところで、この存在は存在論的に〈補足〉されることはないのである。それどころか、こうした〈価値〉という性格そのものが、事物としての存在様式をもつ存在者について、存在者的に規定するものにとどまるのではないだろうか。

価値を示す述語をつけ加えたところで、〈財〉の存在について、いかなる新たな解
133 明が行われることもない。むしろそのように追加するということそのものが、これらの財について、純粋な眼前性という存在様式をふたたび前提するものであることを示すのである。価値とは、ある事物の眼前的な規定なのである。

結局のところ、価値とは存在論的に考えるならば、ひとえに事物としての現実性を基礎的な層とみなすことをあらかじめ前提とした考え方から生まれたものである。しかし前現象学的な経験からすでに明らかになるのは、事物として考えられた存在者においても、こうした事物性だけでは完全に理解することのできないものがあるということである。そこで事物的な存在にも、ある〈補足〉が必要になるというわけである。

それでは価値の存在とは、そしてかつてロッツェ(5)が「肯定」の一つの様態として捉えたように、価値が「妥当すること」とは、存在論的にはどのようなことを意味するのだろうか。事物に価値が「付帯する」というのは、存在論的にどのようなことなのだろうか。こうした規定が暗闇のうちにとどまるかぎり、「道具のような」使用される事物を自然の事物に基づいて再構成する試みは、それによって問題構成が完全に転倒してしまうだけでなく、存在論的にみていかがわしい試みである。

この試みは、まず使用される事物の「皮を剥いでおいて」、それから再構成することを試みるものである。しかしそのためには、つねにすでにこの再構成がひとつの全体としてふたたび作りだそうとしている現象について、あらかじめ積極的なまなざしを向けておく必要があるのではないだろうか。そしてそれにもっとも固有の存在機構があらかじめ適切な形で説明されていないのであれば、その再構成というものも、実は設計図なしで行われることにならないだろうか。

たしかに結果だけみるならば、「世界」についての伝統的な存在論のこうした再構成や「補足」によって、わたしたちがこれまで道具の手元的な存在性や適材適所性の全体性の分析において出発点としていた存在者と、同じ存在者に到達する。そして見掛けだけからは、実際にこの存在者の存在が解明されたようにみえるし、少なくとも問題にされたようにみえる。しかしデカルトが特性《プロプリエタス》としての広がり《エクステンシオ》を捉えても、実体の存在にうまく出会うことができなかったのと同じように、「価値をもつ」という性質に逃げ込んでも、手元的な存在としての存在をまなざしのうちに捉えることすらできない。ましてや存在論的に主題にすることなど、望むことすらできないのである。

274 「補足」の方法とデカルトの方法の共通性

デカルトは、わたしたちが身近で出会うことのできる世界内部的な存在者を自然の
事物とみなし、世界への問いを、この自然の事物の事物性への問いへと縮減してしま
う傾向をさらに強めたのだった。そしてデカルトは、存在者についてのもっとも厳密
な（と思える）存在者的な認識こそが、こうした認識によって露呈される存在者の根
134 源的な存在に到達するための通路《ツガング》であるという見方を強めたのだった。ここでは「す
でに考察してきた」事物的な存在論の「補足」の試みが、デカルトと原理的にまった

く同じ理論的《ドグマ》な基盤の上に立っているものであることを見抜くべきなのである。

275 今後の課題

すでに第一四節で示したように、世界を飛び越してしまい、もっとも身近に出会う存在者を飛び越してしまうことは偶然ではないし、すぐに取り返しのつく見誤りでもない。これは現存在そのものにそなわる本質的な存在様式が原因となって起こることなのである。本書での現存在の分析論によって、この問題構成の枠組みでもっとも重要な現存在の主要な構造が見通せるようになるはずであり、存在一般の概念を理解するために必要な地平(6)が定められるはずである。そのようにして初めて、手元存在性や眼前存在性が、存在論的にみて根源的に理解できるようになるはずである。これが実現された後になって初めて、わたしたちがデカルトの世界存在論に加えた批判と、原則として現在でも一般にみられる世界存在論にたいしてこれまで加えてきた批判に、どのような哲学的な根拠があるかが、明らかになるだろう。

276 **今後の分析の具体的な内容**

そのためには、次の点を示す必要がある（第一部第三篇を参照されたい）。

277 **第一の課題**

一 わたしたちにとって決定的に重要な意味をもつ存在論的な伝統の端緒において、とくにパルメニデスに顕著にみられるように、どうして世界の現象を飛び越してしまったのだろうか。どうして、このように飛び越してしまう試みが繰り返されるのだろうか。

278 **第二の課題**

二 飛び越された現象の代わりに、どうして世界内部的な存在者が、存在論の主題として登場してくるのだろうか。

279　**第三の課題**

三　どうしてこの存在者がさしあたり、「自然」のうちに発見されるのだろうか。

280　**第四の課題**

四　このように世界存在論を〈補足〉する必要が生じたときに、どうして価値の現象に助力を求めたのだろうか。

281　**分析の成果**

これらの問いに答えることができたならば、そのとき初めて世界の問題構成につい
135
て積極的に了解することができるようになるだろう。そしてこの問題構成が見過ごさ

れてきたその根本的な原因が示されるだろうし、世界についての伝統的な存在論を否定する根拠の正しさが示されることになるだろう。

282 伝統的な方法の欠陥

世界のうちの事物から出発することは、一見したところごく自明なことに思えるとしても、それに基づいて、存在者についてのもっとも厳密と思われる認識を基準にするという方法では、世界、現存在、世界内部的な存在者のもっとも身近な存在論的な機構と、現象的に出会うことのできる土台を獲得できる保証はないのである。わたしたちのデカルトについての考察はこうした洞察をもたらすはずのものだったのである。

283 デカルトの分析の「救出」

しかし空間性が世界内部的な存在者の構成にあずかっていると思われることを思いだすならば、デカルトの「世界」の分析も最終的には「救出」することができるはずである。デカルトは広がり《エクステンシオ》が物体的なもの《レス・コルポレア》のあらゆる規定性の前提条件《プラエスポシトゥム》であることを根本的に明らかにしたのだった。これは、後にカントがさらに立ち入って、その内容を確定した〈アプリオリなもの〉とは何かということについて、理解するための準備作業という意味をもっていたのである。

デカルトは、広がりのある存在者の存在について明示的に解釈することを怠ったが、そのことはデカルトの広がり《エクステンシオ》の分析とは、ある程度までは関わりのないことである。デカルトが、広がり《エクステンシオ》を「世界」の基本的な規定性とみなして分析を始めたことには、現象的にみて正当な権利があるのである――たとえデカルトは、この広がりの概念に立ち帰ることでは、世界の空間性も、そして環境世界の中で出会う存在者に関連してさしあたり露呈された空間性も、ましてや現存在そのものの空間性も、存在論的に理解することはできなかったとしてもである。

原注

＊1　デカルト『哲学原理』第二部第三節、四一ページ［邦訳は前掲書、八二ページ］。

＊2　同。

＊3　同、第四節、四二ページ［邦訳は前掲書、八三ページ］。

訳注

（1）ここの「吟味した後でしか」のところは原文では逐語訳をすると「通り抜けること（ドゥルヒガング）によって」である（熊野訳は「通りぬけてしまうことで」と訳し、原・渡邊訳は「通過してしまってはじめて」と訳す）。この「通り抜ける」という訳語には、「抜ける」にまつわるいくらかあいまいな意味が含まれるので、この訳語は避けて「吟味する」と訳した。このドゥルヒガングという語はドゥルヒゲーエンという動詞を名詞化したものであり、この動詞には「全体に目をとおす、見直す、吟味する、点検する」などの意味があるためである。なおこの語はすでに段落191で、「環境世界の世界性（環境世界性）を確認するために、環境世界の内部で身近に出会う存在者についての存在論的な解釈を経由する」という文の「経由する」と訳したところで使われていた。なおこの「経由」については次の訳注も参照されたい。

（2）ハイデガーは第一四節で、「現存在は世界性の現象を存在者的にも存在論的にも飛び越してしまう」(189)ことを指摘し、この「飛び越し」を防ぐためには、特別な予防措置が必要であり、そのためには「環境世界の内部で身近に出会う存在者についての存在論的な解釈を経由する」(191)必要があることを指摘していた。たんに自然を自然科学的に考察するのではなく、身近な存在者である道具について吟味し、考察することが必須なのである。

(3)【欄外書き込み】「規定された」のところの欄外に、「そうではなく、数学的なものそのものに向けて、方向性を定めているのである。マテーマタとオン」と書かれている。

(4)【欄外書き込み】「自然」のところの欄外に、「フッサールによる〈存在論〉の構築への批判！　これまで示したデカルト批判のすべては実際のところ、こうした意図のもとで、ここに挿入されているのである！」と書かれている。

(5)ルドルフ・ヘルマン・ロッツェ(一八一七〜八一)はドイツの哲学者。『論理学』(一八七四年)や『形而上学』(一八七九年)などの著書で「妥当」と「価値」の概念を展開し、ヴィンデルバントなどの新カント派の価値哲学の先駆となった。文中の「肯定」については解説を参照されたい。

（6）【欄外書き込み】「理解するために必要な地平」のところの欄外に、「そのとおり！　ただしこの〈理解するために〉ということは、企投としての理解に基づいているのであって、この企投は脱自的な時間性としてあるのである」と書かれている。

C　環境世界の〈まわり性〉と現存在の「空間性」

284　分析の構成

内存在について初めてあらかじめの素描を試みた際に（第一二節参照）、現存在はたんに空間の中に存在するのとは異なるありかたで存在することを指摘しておく必要があった。そしてわたしたちは［現存在とは違って］たんに空間の中に存在するありかたを〈内部性〉と呼ぶ。その意味するところは、みずから広がりのある存在者が、別の広がりのある存在者のもつ広がりの限界によって取り囲まれているということである。

内部的な存在者とそれを取り囲むものは、どちらも空間の中に眼前的に存在している。

わたしたちは、現存在がこのようなありかたで、空間という容器の中に内部的に存
在しているという考え方を否定したが、それは現存在から原理的にあらゆる空間性を
排除することを目指したからではない。わたしたちが目指したのは、現存在にとって
136 本質的な意味をもつ空間性をみつけるための道を開いておくことであった。この現存
在にとって本質的な空間性をこれからみいだす必要がある。

しかし世界の内部にある存在者は同時に空間の中にも存在しているのだから、その
存在者の空間性は、世界との存在論的な連関のうちにある(1)はずである。そこで世界は
世界内存在の構造的な契機という性格をそなえていることを考慮にいれながら、空間
がどのような意味で世界を構成しているかを規定する必要がある。とくに、環境世界
の〈まわり性〉、すなわち環境世界で出会う存在者に固有な空間性は、それ自体、実
は世界の世界性によって根拠づけられるのであり、その反対に世界が空間の中に眼前
的に存在しているわけではないことを示す必要がある。

102 現存在の空間性と、世界の空間的な規定性についての探求では、まず世界内部的に
空間のうちに手元的に存在しているものの分析から始める。この探求は次の三つの段

階で行われる。

一　世界内部的な手元存在者の空間性（第二二節）

二　世界内存在の空間性（第二三節）

三　現存在の空間性と空間（第二四節）

訳注

（1）【欄外書き込み】「連関のうちにある」のところの欄外に、「だから世界もまた空間的なのである」と書かれている。

第二二節　世界内部的な手元存在者の空間性

285 **分析の課題**

もしも空間がこれから規定するような意味で、世界を構成しているのだとすると、わたしたちが前に世界内部的なものの存在について存在論的に性格づけを行った際に、世界内部的なものを〈空間内部的なもの〉としても眺めなければならなかったのは、何ら驚くべきことではない。ただし手元存在者のこうした空間性は、これまでは現象的には明示的に把握されておらず、それが手元存在者の存在構造といかなる結びつきがあるかも、提示されてこなかった。これがわたしたちの現在の課題である。

286　道具の属すべき場所

わたしたちは手元的な存在者の性格づけを行ってきたが、その際にこの存在者の空間性にすでにどこまで出会っていたのだろうか。わたしたちの考察では、さしあたり
137 手元的に存在するものについて語ってきた。この意味するところは、この存在者は、「現存在が」そのつど他のものに先立って、最初に出会う存在者であるということであり、同時に「近いところにある」存在者であるということである。わたしたちが日常的に交渉する手元的な存在者には、近さという性格がある。

詳しく調べてみると道具のこの〈近さ《ネーエ》〉は、この道具の存在を示す述語である

「手元存在性《ツハンデンハイト》」という言葉そのものに含まれているのが分かる。「手元に《ツアハント》」存在するもの」とは、「ある用途に使うために手元にそなえているもの」のことだからである。これ」には、そのつど異なる〈近さ〉があるが、それぞれの〈近さ〉は、そのものとの隔たり《アブシュタント》を測定して確認できるようなものではない。この〈近さ〉は、配慮的な気遣いの〈目配り《ウムジヒト》〉のうちで、「勘定にいれる」操作や使用によって規制されるものである。

配慮的な気遣いの目配りは、このような形で近さのうちにあるものを見届けると同時に、いつでも手を伸ばせばその道具に届くような方向もまた、見届けているのである。道具がそのように手を伸ばせば届くような〈近さ〉にあるということは、それがたんにどこかに眼前的に存在していて、空間の中で特定の位置を占めているということだけではない。本質的に道具として設置され、保管され、組み立てられ、整頓されているということも意味するのである。

道具はその本来の場所にあるか、あるいは「散らかっている」のである。この「散らかっている」ということは、空間の任意の位置にたんに現前しているだけの状態とは、原理的に区別して考えるべきである。それぞれの場所は、この〈～するための〉

道具の場所として、環境世界のうちに手元的に存在する道具連関のたがいにさまざまな方向へと割り当てられた場所の全体のうちに、その座を占めるのである。

このような場所とその場所の多様性を、事物が任意に眼前的に存在するどこでもよい場所と解釈してはならない。この場所は、ある道具がそのつどそこに属するにふさわしい特定の「あそこ」であり、「そこ」なのである。そのつど〈そこに属するにふさわしい〉というこの性格は、手元的な存在者の道具としての性格に対応したものであり、それがあるひとまとまりの道具の全体に、適材適所として所属していることに対応したものである。

しかしこのように道具の全体が占める場所について〈そこに属するにふさわしい〉という性格があるのは、それが可能になるための条件として、その根底に全般的な〈～への所属《ヴォヒン》〉ということがあるのであり、道具連関はこの〈～への所属〉のうちに、その場所の全体が割り当てられるのである。このように道具として〈そこに属するにふさわしい〉ものとしての〈～への所属〉は、すでに配慮的な気遣いによる交渉において、〈目配り〉によってあらかじめ視野に入れられているのであり、わたしたちはこれを〈辺り《ゲーゲント》〉と名づけておく。

287 〈辺り〉と〈身のまわり〉

「その辺りに」ということは、たんに「その方向に」ということでなく、その方向にあるものの圏域のうちにということである。〈場所〉は方向と遠隔性によって構成
138 されるのであり、〈近さ〉とはこの遠隔性の一つの様態にすぎないのである。そしてこの場所はすでに〈辺り〉を目指したものであり、この〈辺り〉のうちにあってその方向が定められているものである。〈目配り〉によって、意のままに利用できる道具立ての全体性のうちでさまざまな場所が指示でき、あらかじめみつけておけるようになるためには、この〈辺り〉のようなものが前もって露呈されている必要がある。

この手元的な存在者の場所の多様性が、こうした〈辺り〉によって方向づけられることによって、環境世界的にわたしたちにもっとも身近に出会う存在者の〈まわり性〉が、そしてこうした存在者の〈身のまわり〉《ウム・ウンス・ヘルム》が作りだされるのである。さまざまな存在者がとりうる位置が三次元的に多様なものとしてまず与えられていて、眼前的に存在する事物がこうした多様な位置を占めると考えてはならない。このような空間

の三次元性は、手元的に存在するものの空間性のうちにあって、まだ隠されたままである。

「上の方」とは「天井のところに」ということである。「下の方」とは「床のところに」ということである。「背後に」というのは、「ドアのところに」ということである。これらの〈ところに《ヴォー》〉はすべて、日常的な交渉の行き来によって露呈され、〈目配り〉によって解釈されているのである。これらは、観察するまなざしが空間を測定することで確認され、記録されるようなものではないのである。

288 〈辺り〉の実例としての住宅

こうした〈辺り〉というものは、眼前的に存在する事物が集まって初めて形成されるものではなく、個々の場所においてそのつどすでに手元的に存在しているものである。さまざまな場所そのものは、配慮する気遣いの〈目配り〉のもとで、手元的な存在者に割り当てられているか、あるいはそのような場所として眼の前にみいだされるのである。〈目配り〉する世界内存在は、不断に手元的にあるものをあらかじめ計算にいれている。不断に手元にあるものは、そのことによってみずからの場所を確保している。

こうした手元的な存在者の手元存在性のための〈どこに《ヴォー》〉は、配慮する気遣いが計算にいれられていて、その他の手元的な存在者との関係において、その方向が定められている。たとえば太陽は、わたしたちがその光と熱を日常的に利用しているものであるために、「移動とともに」太陽がわたしたちに提供してくれる利用可能性が変化することに基づいて特別な場所をもっている。そして〈目配り〉はその場所を露呈する――日の出、正午、日没、真夜中などの場所である。このように移り変わりながらも、たえず変わらずに存在している手元的なものが占める場所は、そうした場所のうちにある〈辺り〉を強調して示す「指標」になる。

「日の出、正午、日没、真夜中に対応して定められた四つの方位である」天のこうした〈辺り〉は、まだ「東西南北のような」地理学的な意味をおびる必要はまったくなく、さまざまな場所が占めることのできる〈辺り〉を特別な形で作りだしていくために、あらかじめ必要な〈どこへ《ヴォヒン》〉を定めているのである。住宅には陽の当たる側と、風雨の当たる側があり、それぞれの側にふさわしく方向づけられて、「間取り」が決めら

139 れているのである。また、それぞれの「間取り」「としての部屋」の中でさらに「調度」が、それぞれの「間取り」の道具としての性格にふさわしい形で配置されている。たとえば教会と墓場は、日の出と日没、すなわち誕生と死の〈辺り〉に合わせて設計されているし、現存在もまた生と死という二つの〈辺り〉によって、世界のうちでみずからにもっとも固有な存在可能性について規定されているのである。現存在とは、みずからの存在において、その存在そのものに心を配るものであり、こうした現存在の配慮的な気遣いは、この［生と死の］二つの〈辺り〉をあらかじめ露呈させているだけでなく、これらの〈辺り〉のもとで、みずからに決定的に重要な適材適所というものをそのつど露呈させているのである。現存在はこのように〈辺り〉をあらかじめ露呈させているのだが、それは手元的な存在者がわたしたちに出会うものとして〈開けわたされる〉ことによって生まれてくる適材適所性の全体によってもまた規定されているのである。 104

289 〈辺り〉と空間性

それぞれの〈辺り〉には、それに先だって手元存在性があらかじめそなわっているが、そこには、手元存在者の存在にそなわるよりもさらに根源的な意味で、目立たない親しみ深さという性格がそなわっている。こうした〈辺り〉それ自体が目立つようになるのは、配慮的な気遣いの〈目配り〉が、手元的な存在者を露呈させるとき、というよりもむしろ配慮的な気遣いの欠如的な様態においてである。あるものがそれがあるべき場所に見当たらないときに、その場所の帰属する〈辺り〉が初めて表だったものとなり、それに近づくことができるようになるのである。

〈目配り〉をする世界内存在において、道具全体の空間性として露呈される空間は、その道具全体の場所として、それぞれの存在者に固有のものである。たんなる空間そのもののようなものは、まだ覆い隠されたままである。空間はさまざまな場所に分散されている[1]。しかしこの空間性は、空間的に存在する手元存在的なもののもつ世界適合的な適材適所性の全体によって、それに固有の統一性をそなえているのである。

ある空間のようなものがまず与えられていて、その内部に「環境世界」が姿を現すのではない。むしろ環境世界に固有の世界性のもとに、〈目配り〉によって割り当てられたさまざまな場所からなるそのつどの全体の適材適所な連関が、その有意義性を示しながら構造化されているのである。それぞれの世界が、それに帰属する空間について、そのつど空間性を露呈する。わたしたちは手元的に存在するものに、それぞれに固有の環境世界的な空間において出会うが、この出会いが存在者的に可能となるのは、現存在自身がこの世界内存在というありかたのために「空間的」であるからにほかならない。

訳注

（1）【欄外書き込み】「分散されている」のところの欄外に、「そうではない。場所には、分散されることのない特有の統一性がある！」と書かれている。

140

第二三節　世界内存在の空間性

290　現存在の空間性とは

わたしたちは現存在には空間性がそなわっていると考えているのだが、ここでいう「空間のうちに存在する」ということは、この現存在という存在者の存在様式に基づいて把握しなければならないのは明らかである。現存在はその本質からして、眼前的な存在ではないから、現存在の空間性ということは、「世界空間」のうちの一つの位置に現前することを意味することはできないし、ある場所に手元的に存在していることを意味することもできない。このどちらも、世界内部的に出会う存在者の存在様式なのである。

現存在が世界の「うちに」存在するというときに意味しているのは、現存在は世界内部的に出会う存在者と、配慮的な気遣いによって親しみあいながら、交渉している

105

ということである。そこで現存在に何らかのありかたで空間性のようなものがそなわっているとすれば、それはこうした内存在に基づいて初めて可能になるのである。この内存在の空間性は、〈距離を取る〉と、〈方向づけ〉という性格を示している。

291　実存カテゴリーとしての〈距離を取る〉こと

わたしたちは現存在に、その世界内存在というありかたによってそなわる存在様式を、〈距離を取る《エントフェルヌング》〉と呼ぶが、これは遠隔性《エントフェルンハイト》（近さ）とか隔たり《アプシュタント》というものとして理解すべきではない。この〈距離を取る〉という語は、［距離を〈置く〉そして〈取り去る〉という］能動的で他動詞的な意義で使うのである。これは現存在の存在機構の一つであって、これと対比して考えると、隔てることという意味の距離を置くことは、事実に依拠した特定の様態の一つにすぎない。〈距離を取る〉ということは、あるものの遠さ《フェルネ》(1)（遠隔性）を取り去ること、すなわち近づけることを意味する。現存在はその本質からして、距離を取るもののことであり、現存在は現存在であるかぎり、つねに存在者をその近さ(2)において出会わせて存在しているのである。

116 〈距離を取る〉ことによって、遠隔性《エントフェルンハイト》というものが露呈される。遠隔性とは、隔《アプシュタント》たりと同じように、現存在でない存在者に適用されるカテゴリー的な規定である。これにたいして〈距離を取る〉ことは、実存カテゴリーであることを確認する必要がある。ある存在者が現存在にたいして、その遠隔性において露呈されているからこそ、そのような世界内部的な存在者について、その他の世界内部的な存在者との「距離」や隔《アプシュタント》たりというものをみてとることができるのである。

二つの点がたがいに距離《エントフェルネン》をもつということはありえないし、二つの事物がたがいに距離をもつということもありえない。なぜならこれらの存在者のいずれも、その存在様式において、距離をもつという関係をもつことがないからである。これらの存在者
141 のあいだには、距離をもつこと(3)において発見されたり、測定されたりすることのできる隔《アプシュタント》たりがあるにすぎない。

292 近さへの本質的な傾向

この〈距離を取る〉とはさしあたりたいていは、目配りによって近づけること、近

さへともたらすことであり、すなわち調達すること、準備すること、手元に用意しておくことを意味する。しかし存在者を純粋に認識的な態度で露呈させる特定の様式も、〈近づけること〉という性格をそなえている。現存在のうちには、近さへの本質的な傾向がひそんでいる。[4] わたしたちは今日、多かれ少なかれスピードアップすることを誰もが強いられているが、これは遠隔性を克服することを求められているのである。たとえば「ラジオ放送」を例にとって考えてみよう。現存在はラジオ放送によって、日常の環境世界を拡大し、破壊するという道をたどりながら、「世界」から〈距離を取って〉しまっている。この「世界」から〈距離を取る〉ことが、その現存在の意味にどのような影響をおよぼしていくのかを、見通すことはできない。

293　客観的な間隔と〈距離を取る〉ことの違い

この〈距離を取ること〉《エント・フェルネン》のうちには、手元的に存在するものが現存在にたいしてもっている〈遠さ〉《フェルネ》を明示的に見積もることは、かならずしも含まれない。遠隔性《エントフェルンハイト》を、隔たり《アプシュタント》を置くことと考えてはならない。〈遠さ〉を見積もる場合にも、それは日常的な現存在がそこに身を置いている〈距離を取る〉ことの営みに関連して行われるのである。計算という観点からみると、この〈遠さ〉の見積もりは不正確で変動しつづけるものであろうが、現存在の日常性という観点からみると、そこには固有の、一貫して理解しうる明確な規定がそなわっているのである。

わたしたちは〈あそこまでは一足だ〉とか〈ほんのひとっとびだ〉とか「目と鼻の先だ」などという表現を使う。これらの尺度が表現しているのは、そうした言葉で「測定」しようとしているわけではなく、見積もられた遠隔性《エントフェルンハイト》は、配慮的に気遣いながら〈目配り〉しつつ、そこに行こうとしている現存在に帰属しているということである。

わたしたちはもっと固定した尺度を用いて語ることもできる。たとえば「あの家までは半時間だ」と言うことがあるが、この尺度は「測定されたものであるよりも」見積もられたものであると考えなければならない。この「半時間」とは三〇分のことではなく、量的なひろがりという意味では、いかなる「長さ」ももたないある持続したまとまりなのである。この持続したまとまりは、つねに馴染みの日常的な「気配り」によって解釈されているのである。

142

こうした遠隔性はさしあたり、そして「公的に」計算された尺度が周知のものとなっているところでも、〈目配り〉によって見積もられている。〈距離を取られた〉ものはこのような見積もりにおいても、手元存在的に含まれているので、そうしたものに固有の世界内部的な性格を保持しているのである。その一例としては、〈距離を取られた〉存在者のもとに交渉によってたどりつく道が、その日ごとにその長さを変えるということが挙げられる。

というのは、環境世界の手元的な存在者は、現存在から超越した永遠の観察者にたいして眼前的に存在するようなものではなく、〈目配り〉で配慮的に気遣う現存在が、その日常性において出会うものだからである。現存在が道を進むときには、みずからも眼前的な身体的な事物になって、一区切りの空間の区間を通過するわけではない。「何キロメートルこなした」という風に、空間の区間を通過するのではないのである。近づきも〈距離を取る〉ことも、近づいてくるものと距離を取られるものそれぞれに向けられた配慮的な気遣いのうちに存在するのである。

「客観的には」長い道が、「客観的には」ごく短い道よりも、はるかに〈短く〉感じられることがある。そして「客観的には」ごく短い道も、「難路」であるために、その道を歩む人にとって限りなく〈遠い〉ものとして現れることもある。このようにして〈現れる〉ことのうちでこそ、そのつどの世界がはじめて本当の意味で手元的に存在するようになるのである。

眼前的に存在する事物のあいだの客観的な隔たりは、世界内部的に手元に存在するものの遠隔性や〈近さ〉とは一致しない。客観的な隔たりが正確に知られていたとしても、この知識はそれだけではいわば〈みせかけのもの〉であって、〈目配り〉において環境世界を露呈させ、〈近づける〉という働きをしないのである。このような知識が役に立つことはあるが、それも「気にかかっている」世界にたいして、この区間の長さを測定することなどはせず、わたしたちが配慮的に気遣う存在のために、そしてその存在においてのみ、役立つのである。

294　主観性の意味

初めから「自然」を前提にしたり、「客観的に」測定された事物間の隔たりの大きさを重視したりするような場合には、こうした〈距離を取る〉ことについての解釈や評価を、「主観的な」ものとみなしがちである。しかしこの「主観性」こそ、おそらくは世界の「実在性」のもっとも実在的なものを露呈させる主観性なのである。これは「主観的な」恣意とは違うものであるし、「それ自体では」別の形で存在しているものについての主観主義的な「見解」などといったものではない。現存在が日常性において〈目配り〉で行う〈距離を取る〉ことこそが、「真実の世界」のそれ自体のありかたを、実存する現存在がつねにすでにそのもとにいる存在者のそれ自体のありかたを露呈させるのである。

295　「ごく身近にある」ことの両義性

遠隔性を何よりも、そしてただたんに測量された隔たりとみなす姿勢のもとでは、
内存在の根源的な空間性は覆い隠されてしまう。「ごく身近にある」と言われるもの
143 は決して、「わたしたちからの」隔たりがもっとも小さいところにあるもののことで
はない。「ごく身近にある」ものは、取りにゆくことができ、手がとどき、眼がとど 107
く平均的な〈距離を取られた〉もののことである。

現存在が空間的であるのは本質的に、このような〈距離を取る〉ことにあるのであり、現存在の交渉はつねに、そのつどある種の活動空間において現存在がほどほどの〈距離を取った〉「環境世界」のうちで行われる。わたしたちが何かを聞き、何かを見るときに、さしあたり自分からもっともわずかな隔たりしか離れていない〈ごく身近にある〉ものを聞き逃したり、見逃したりするのはそのためである。

視覚と聴覚は、〈遠隔感覚《フェルンジンネ》〉と呼ばれることがあるが、それはその射程が遠くに及ぶからではなく、〈距離を取りつつ〉ある現存在が主として、この視覚と聴覚のうちにとどまることが多いからである。たとえば眼鏡をかけている人を考えてみよう。その人にとって眼鏡は「鼻の上」にあるという意味ではきわめて近い隔たりのところにあるが、この使用中の眼鏡という道具は、向かいの壁にかかっている絵よりも、環境的にははるかに遠い〈距離を取って〉存在するものである。この道具には〈近さ〉がないだけではなく、その存在にまったく気づかないことも多いほどである。見るためのこの道具は、聞くための道具、たとえば電話の受話器のように、すでに述べてきたさしあたり手元にある存在者にみられる〈目立たなさ〉をそなえているのである。

このことはたとえば、歩行するための道具である街路にもあてはまる。街路は、歩行するときには一歩ずつ足で触れるところであり、手元的に存在するもののうちでもっとも近く、もっとも実在的なもののように思われるのであり、いわば歩む足の裏という身体の特定の部位の下を滑っていくのである。しかしそれでいてこの街路というものは、わたしたちが歩行中に「街路で」、二〇歩ほどの「距離」のところにいて出会う知人よりも、はるかに〈距離をもつ〉ところにあるのである。

環境世界でさしあたり手元にある存在者の〈近さ〉と〈遠さ〉を決めるのは、〈目配り〉しつつある配慮的な気遣いである。この配慮的な気遣いが初めからそのうちにあるところが〈もっとも近い〉のであり、そうしたものが〈距離を取ること〉をコントロールしているのである。

296
〈ここ〉と〈あそこ〉

現存在は、配慮的な気遣いのもとで何かを〈近くに取りよせる〉ことがあるが、それは身体のある一点から最短の隔たりのところにある空間的な位置に、そのものを保持することではない。「近くに」ということは、〈目配り〉によってさしあたり手元にあるものの圏域のうちにということである。〈近づけること〉は、身体をもつ事物としての自我を中心として定められるものではなく、配慮的に気遣う世界内存在をもとにして、すなわち世界のうちに存在していることにおいて、そのつどさしあたり出会うものを中心として定められるのである。

144 だから現存在の空間性は、身体という事物が眼前的に存在している〈位置《シュテレ》〉を示すことによって規定されるようなものではない。たしかに現存在について、それがそれぞれある場所《プラッツ》を占めていると語られることはある。しかし場所を「占めていること」は、手元的な存在者が、ある〈辺り〉の特定の場所《プラッツ》にそなわっていることとは、原理的に区別しなければならない。現存在が場所を占めているということは、環境世界で手元的に存在するものに、〈目配り〉によってあらかじめ露呈されている〈辺り〉へと〈距離を取らせる〉ということである。

現存在は自分のいる〈ここ〉を、環境世界の〈あそこ〉に基づいて理解している。この〈ここ〉は、ある眼前的な存在者がある〈どこに《ヴォー》〉ではなく、〈距離を取りつつ〉、〈～のもとで《バイ》〉存在しているその〈何のもとで《ヴォバイ》〉ということであり、しかもこの〈距離を取る〉ことと一体になってということである。

現存在はその空間性によって、まず〈ここ〉にいるのではなく、〈あそこ〉にいるのであり、その〈あそこ〉から自分の〈ここ〉に立ち戻ってくるのである。しかもあるものに向かう配慮的な気遣いをするみずからの存在を、〈あそこ〉に手元的に存在するものに基づいて解釈するという方法でのみ、みずからに立ち戻ってくるのである。そのことは、内存在の〈距離を取る〉ことの構造にそなわるある現象的な特質を調べてみれば、さらに明らかになるだろう。

297　現存在の空間性

世界内存在としての現存在は、その本質からして〈距離を取る〉営みのうちにある。この〈距離を取る〉ことは、手元存在者を自分からある〈遠さ〉へと遠ざけているということであり、このようにして〈取られた距離〉を、現存在は決して横切って渡ることはできない。現存在とある手元存在者とのあいだで〈取られた距離〉は、そのときに現存在が占めていた場所に眼前的に存在していた事物との関係で〈取られた距離〉として規定されるならば、現存在そのものによってすらある種の〈隔たり〉としてみいだされることはありうる。そしてこの〈隔たり〉という〈あいだ〉なら、現存在はあとから横切って渡ることができるが、そのときにはすでにこの〈隔たり〉そのものが〈距離を取られ〉ているのである。

この〈取られた距離〉そのものを、現存在は横切って渡ったのではない。むしろ現存在はこの〈取られた距離〉とともに進んだのであり、つねにこの〈取られた距離〉を身に携えているのである。というのも現存在は本質的に〈距離を取る〉存在であり、それが現存在が空間的であるということだからである。

現存在はそのときどきみずから〈取った距離〉の圏域の内部を、あちこち移動することなどはできない。それをつねに変動させることができるだけである。現存在が空間的であるのは、このように〈目配り〉のもとで空間を露呈させるというありかたによってであり、現存在はこのようにして空間的に出会う存在者とのあいだで、つねに〈距離を取り〉つつふるまっているのである。

298　〈方向づけ《アウスリヒトゥング》〉と方向《リヒトゥング》

現存在は、〈距離を取る〉内存在として、同時に方向づけをするという性格をそな
145 えている。あらゆる〈近づけ〉は、ある〈辺り〉においてすでにあらかじめ一つの
〈方向〉をそなえているのであり、この〈辺り〉から距離を取られたものが現存在に
近づいてきて、その場所において眼前存在するものとしてみいだされるようになる。
〈目配り〉しながら配慮的に気遣うということは、方向づけをしながら〈距離を取
る〉ということである。

このような配慮的な気遣いにおいて、すなわち現存在そのものの世界内存在において、「めじるし」というものの必要性もあらかじめ与えられているのである。この〈めじるし〉という道具は、こうした〈方向〉を明示的に示し、扱いやすくする役目をひきうけているのである。〈めじるし〉は〈目配り〉に使用された〈辺り〉を明示的に開かれたものにするのであり、それぞれのものの所属するところ、そこに赴くところ、取り寄せるところなどを、それぞれの〈どちらに《ヴォヒン》〉として明らかにしている。

現存在は存在するものであるかぎりは、〈方向づけ〉をしながら〈距離を取る〉ものとして、いつもすでに露呈されているみずからの〈辺り〉をそなえている。この〈方向づけ〉も〈距離を取る〉ことも、世界内存在の存在様態であるから、配慮する気遣いの目配りによってあらかじめ導かれている。

299　左右の方向づけ

この〈方向づけ〉から、右と左という特定の方向が生まれる。これらの方向も、〈距離を取る〉ことと同じように、現存在はつねに身に携えているのである。現存在の「身体性」における空間化という問題は、ここでは考察することのできない問題構成を含むものではあるが、この空間化は、この左右という方向についても顕著な特徴をそなえている。たとえば手袋のように、両手と運動をともにする形で身体に着用して使う手元的な存在者は、右と左に分けた方向づけが必要である。これにたいして、手で持って、手とともに動かされる道具は、片手のそれぞれに固有な「手にあった」運動をする必要はない。だからこそハンマーは、同じように手で扱うものであっても、

109

左手のためのハンマーとか右手のためのハンマーなどというものはないのである。

300 方向づけと世界内存在

ここでとくに留意が必要なのは、〈距離を取る〉ことに属する〈方向づけ〉の営みが、世界内存在によって基礎づけられているということである。左右の別は、主観が感じ分けるような「主観的な」ものではなく、手元的に存在している世界のうちでそのつどすでに〈方向づけ〉された〈方向〉なのである。「カントの語るように」「わたしの両側の違いというたんなる感情だけによる」*1のでは、わたしは世界において自分の正しい位置をみいだすことはけっしてできないだろう。この違いという「たんなる
146 感情」だけをもった主観という考え方は、主観を構成するための手掛かりとされただけのものであって、主観の本当の意味での機構を無視しているのである。そしてこうした「たんなる感情」をもった現存在が、そのつどすでにある世界のうちに存在していること、そして自分の正しい位置をみいだすには、つねに世界のうちに存在していなければならないことを忘れているのである。これは、カントが方向づけという現象

を解明するために手掛かりにした実例を検討してみれば明らかになるだろう。

301 暗い部屋の実例とカント批判

　ここでわたしが、明かりのついていない部屋に入るとしよう。わたしがよく知っている部屋ではあるが、留守のあいだにすっかり模様替えされていて、それまで右側にあったものがすべて左側に動かされていたとしよう。この部屋でわたしが方向を定めようとするならば、わたしの両側の「違いというたんなる感情」など、まったく役に立たないだろう。そのためには特定の対象を把握する必要があるのである。カントはこれについて「その位置をわたしが記憶している」対象とつけ加えているが、しかしこのことは、わたしが「よく知っている」[5]世界のうちにあることによって、しかもこのことだけによって、わたしは方向を見定めざるをえないということである。

　その世界の道具連関は、現存在にあらかじめ与えられていなければならない。わたしがそのつどすでにある世界のうちに存在しているということは、左右の感情に劣らず、わたしが方向を定めることができるための構成的な条件なのである。現存在のこうした存在機構は自明なものであるが、それが存在論的な構成の役割をはたしていることを隠蔽するのは正しくないことである。カントはこれを隠蔽することはなかったし、他のあらゆる現存在の解釈でも、これを隠蔽していない。しかしこの存在機構をたえず利用しているからといって、それを存在論的に適切に解明する必要性が免除されるわけではなく、かえってそうした解明が求められるのである。自我はあることを「記憶している」はずだという心理学的な解釈は、根本としては、世界内存在の実存論的な機構のことを語っているのである。カントはこの構造を見なかったので、方向づけを可能にしている構成の全体的な連関を見落としたのである。

左右に〈方向づけ〉られているということは、現存在一般の本質的な方向づけに依拠するものであり、この方向づけはまた、本質的に世界内存在ということによって規定されている。ただしカントは、方向づけを主題として解釈しようと試みていたわけ
147 ではない。たんにすべての方向づけに何らかの「主観的な原理」が必要であることを示そうとしたにすぎない。この「主観的」ということは、〈アプリオリな〉ということを意味するのだろう。左右に方向づけられてあることのアプリオリなものは、世界

110

内存在という「主観的な」アプリオリなものに根拠づけられているのであり、このアプリオリは、初めから世界をもたない主観だけに定められる規定とはかかわらないのである。

302　これまでの解明の役割

このように〈距離を取る〉ことと〈方向づけ〉は、内存在を構成する性格なのであり、露呈された世界内部的な空間のうちで、配慮的な気遣いによって〈目配り〉しながら存在している現存在の空間性を規定するものである。これまで世界内部的に存在する手元的な存在者の空間性と、世界内存在の空間性を解明してきたが、これらの解明によって初めて、世界の空間性という現象を浮き彫りにして、空間の存在論的な問題を構築するための前提が与えられたことになる。

原注

＊1　イマヌエル・カント「思考の方向を定める問題」（一七八六年）アカデミー版

全集第八巻一三一〜一四七ページ［引用された文は、邦訳の『カント全集』第一二巻、門脇卓爾訳、理想社、一一二ページ］。

訳注

（1）【欄外書き込み】「遠さ《フェルネ》」のところの欄外に、「〈距離を‐取り去られる〉この遠さは、どこからくるのか？」と書かれている。

（2）【欄外書き込み】「近さ」のところの欄外に、「近さと現存していることが重要であり、隔たりの大きさは問題ではない」と書かれている。

（3）【欄外書き込み】「距離をもつこと」のところの欄外に、「距離を取ること《エント・フェルネン》とは、より尖鋭に言うならば、近づけることである」と書かれている。

（4）【欄外書き込み】「近さ」のところの欄外に、「どこまで、そしてなにゆえにか？　不断に現存することとしての存在が優位に立つ。すなわち現在化」と書かれている。

（5）【欄外書き込み】「世界」のところの欄外に、「熟知した帰属性に基づいてということである。その帰属性をわたしは前面にだすのであり、またそれにしたがって、部分的に変更するのである」と書かれている。

第二四節　現存在の空間性と空間

303　現存在の空間性の総括

現存在は世界内存在であるから、つねにすでにある「世界」を露呈させているものである。この露呈は世界の世界性に依拠して行われるものであり、わたしたちはこれについて、存在者をある適材適所性の全体に向けて〈開《あ》けわたすこと〉という性格を与えてきた。このように〈開けわたしながら〉適材適所をえさせる営みは、〈目配り〉によってみずからに「適材適所を」指示するというかたちで行われるのであり、こうした指示は、有意義性についてあらかじめ理解していることに基づいて行われる。ところでこれまで明らかにされたことは、〈目配り〉をもった世界内存在は、空間的なものであるということである。そして現存在は〈距離を取る〉ことと〈方向づけ〉をすることによって空間的であるからこそ、環境世界において手元的に存在するものに、その空間性において出会うことができる。適材適所性の全体が〈開けわたされる〉ということは、ある〈辺り〉にたいして〈距離を取り〉ながら〈方向づけ〉を行い、適材適所をえさせるということと等根源的な意味をもつ。すなわち手元的な存在者が空間的に帰属すべき場所を〈開けわたす〉ということである。現存在は配慮的に気遣う内存在として、有意義性に親しんでいるが、この有意義性には本質的に空間が、それとともに開示されているということが含まれる。

304　世界の世界性で開示される空間の特徴

このように世界の世界性とともに開示されている空間には、三次元の純粋な多様性
148 というようなものは、まだ少しもそなわっていない。このような空間は、測量することで位置を決定し、場所を規定するための純粋な〈そのうちで《ヴォリン》〉のことであるが、こうした空間は、ここで考察してきたような身近な〈開示性〉のもとでは、まだ隠されている。現存在が空間をあらかじめ露呈させる〈ところのその場所《ヴォラウフヒン》〉を、わたしたち

は〈辺り〉という現象によって示してきた。この〈辺り〉とは、〈方向づけ〉られ〈距離を取ら〉れることで、すなわち場所を配置されることで出会うはずの手元的に存在する道具連関が帰属することのできる〈どちらに《ヴォヒン》〉のことである。

この帰属性は、世界を構成する働きをする有意義性に基づいて規定され、そのありうる〈どちらに《ヴォヒン》〉のうちで、〈ここ〉にあるいは〈あそこ〉にと［配置されることで］構造が定められるのである。この〈どちらに《ヴォヒン》〉一般は、配慮する気遣いによる〈そのための目的《ヴォルムヴィレン》〉と結びついた指示の全体によってあらかじめ素描されているのであり、この全体の内部で、〈開けわたしながら〉適材適所をえさせる働きが指示されるのである。

現存在が手元存在的なものとして出会うものは、そうした出会いによって、つねにいずれかの〈辺り〉に、そのつど適材適所をもつ。この適材適所の全体性によって、環境世界的な手元存在者は存在するようになるが、この適材適所の全体性には〈辺り〉に基づいて、空間的な適材適所性がそなわっている。これによって手元的な存在者をその形式と方向によってみいだし、(1)規定することができるようになる。配慮的な気遣いを行う〈目配り〉に可能な見通しのよさによって、事実的な存在をそなえた現存在とともに、世界内部的に存在する手元的な存在者がそれぞれに〈距離を取られ〉、〈方向づけ〉されるのである。

305　道具のもつ空間性

世界内存在にとって、世界内部的な存在者と出会うことは、世界内存在を構成する意味をもつことであり、それは「空間を与える」ことでもある。この「空間を与える」ことを、わたしたちは場を空けることとも呼ぶ[2]。これは、手元的な存在者を、その空間性に向かって〈開けわたす〉ことである。この〈場を空けること〉は、適材適所性によって規定されている可能な場所の全体を露呈しつつ提示することであり、これによってそのたびごとに、事実的に方向を決定できるようになるのである。

現存在が〈目配り〉しながら世界を配慮的に気遣う存在者として、さまざまなものを模様替えしたり、しまったり、「片づけたり」することができるのは、世界内存在としての現存在に、実存カテゴリーとして理解されたこの〈場を空けること〉がそなわっているからである。

しかし現存在は、そのつどあらかじめ露呈されている〈辺り〉にも、一般にそのつどの空間性にも、とくにまなざしを向けているわけではない。〈目配り〉は、配慮的に気遣うことに没頭しているのであり、そのつどの空間性は、手元的な存在者の目立
149 たなさのうちで、おのずとこの目配りに立ち現れているのである。世界内存在とともに、空間はさしあたりこのような空間性において露呈されている。こうして露呈された空間性を土台として、空間そのものを認識することができるようになる。

306 空間のアプリオリ性——カント批判

空間は主観のうちにあるのではないし、世界は空間のうちにあるのでもない。現存在を構成する世界内存在が空間を開示しているかぎりで、むしろ空間は世界の「うちに」あるのである。空間が主観のうちにあることはなく、主観が世界をあたかも空間のうちにある「かのように」観察するのでもない。存在論的に正しく理解された「主観」が、すなわち現存在が、根源的な意味で空間的なのである。

そしてこれまで述べてきたようなありかたで現存在が空間的であるからこそ、空間

はアプリオリなものとして現れる。このアプリオリという呼び名は、空間が初めはまだ無世界的に存在している主観にもとから属していて、この主観が空間を自分の内部から外部へと投射するようなことを意味するものではない。ここで空間のアプリオリ性とは、現存在が環境世界において、そのつど手元的な存在者と出会うときに、〈辺り〉としての空間につねに先だって出会っているということを意味する。

307　空間の「露呈」

〈目配り〉によってさしあたり出会われるものの空間性は、やがてこの目配りそのものにも主題的なものとなり、たとえば住宅の建築や土地の測量などの場合に、計算と測定の課題となる。環境世界の空間性がこのようにしてなお顕著なかたちで目配りにとって主題となるとき、これによってある意味では空間そのものが何らかのありかたで視野に入ってくる。それまでは空間というものに近づくには、〈目配り〉による計算に頼るしかなかったのだが、これからはこうしたまなざしを放棄して、このようにみずから姿を現してくる空間を純粋に注視しながら、追跡することができるようになる。

こうして空間の「形式的な直観」によって、空間的な諸関係の純粋な可能性が露呈されるのである。このように純粋で均質な空間があらわにされるにいたるまでには、空間的な形象の純粋な形態学から、位置の解析を経由して、空間を純粋に計量する学問にいたるまでの一連の段階がある。わたしたちの探求ではこれらの連関を考察する
150 ことはできない[*1]。ここではただわたしたちの問題構成のもとで、純粋な空間が主題的に露呈され、考察されるための端緒となる現象学的な土台を、存在論的に確認することを目指すべきなのである。

308 自然の世界の登場

〈目配り〉から解放されて、ただ注視するまなざしだけによって行われる空間の露呈は、環境世界のさまざまな〈辺り〉を中性的なものとして、これを純粋な次元にするのである。これによって手元的に存在する道具が占めるさまざまな場所も、〈目配り〉によって方向づけされた場所の全体性も崩壊し、任意の事物をうけいれることの

できる位置の多様性が生まれる。世界内部的な手元存在者の空間性は、この手元存在者そのものとともに、適材適所性という性格を失う。世界はそれに固有の〈まわり性〉としての性格を喪失し、環境世界は自然の世界になる。

手元的に存在する道具全体で構成されていた「世界」が空間化されて、ただわずかに眼前的に存在するだけの広がりのある事物の連関になる。このように均質な自然空間というものが登場したのは、手元的な存在者のもっていた〈世界適合性〉を固有なしかたで脱世界化しながら、出会ってくる存在者を露呈する方法が確立された後のことなのである。

309　空間の存在様式への疑問

現存在には、その世界内存在としてのありかたのために、まだ主題的なものとはなっていないとしても、つねにすでに露呈された空間が前もって与えられている。しかし空間そのものは現存在にとって、まださしあたりは覆い隠されたものとなっている。この空間には、何かあるものがひたすら空間的に存在する純然たる可能性が含まれているのだが、これについては、空間はまだ隠されているのである。空間はその本質からしてみずからをある世界のうちで示すのであるが、このことはまだ空間の存在の様式を決定するものではない。

空間は、それ自身で空間的に手元的にあるいは眼前的に存在するという存在様式をそなえているとはかぎらない。また空間の存在は、現存在のような存在様式をもつものでもない。空間そのものの存在は、〈広がりのあるもの《レス・エクステンサ》〉の存在様式から理解することはできないが、そのことからして、空間は存在論的にみて、こうしたもの《レス》の「現象」として規定されなければならないということにはならない。そうだとすると空間はその存在においてこれらのもの《レス》と区別できなくなるのである。まして、空間の存在を〈思考するもの《レス・コギタンス》〉の存在と同じものとみなして、たんに「主観的な」ものとして把握できるということにもならない。そもそもこうした主観の存在そのものが疑問とされるのである。

310 空間の存在論の課題

空間の存在の解釈については、現在にいたるまで困惑させられる状態がつづいているが、それは空間そのものの事象内容についての知識が不足しているためではなく、
151 存在一般のさまざまな可能性が原理的に洞察されていないためであり、こうした可能性について、存在論的かつ概念的に解釈する作業が行われていないためである。

空間の問題を存在論的に了解するために決定的に重要なのは、空間の存在への問いを、たまたま持ち合わせている存在概念、しかも多くの場合に粗雑な存在概念の狭さから解放することであり、現象そのものとさまざまな現象的な空間性に注目しながら、空間の存在についての問題構成を、存在一般の可能性を解明する方向へと進めていくことである。

311 世界と空間

世界内部的な存在者の存在の唯一の存在論的な規定を、空間の現象に求めることはできないし、空間の現象がこうした存在の第一義的な存在論的な規定となるわけでもない。ましてや空間が世界の現象を構成することもない。空間はわたしたちが世界に立ち戻ることによって、初めて把握できるようになるものである。環境世界がまず〈脱世界化〉されないかぎり、空間に近づくことはできないし、そもそも空間性は世界を基礎としなければ露呈されえないものである。というのも、空間は世界をともに構成するものであるからであり、そのことは現存在そのものがその世界内存在という根本的な機構のために、本質的に空間性をそなえたものであることに対応しているのである。

原注

＊1　これについてはＯ・ベッカー『幾何学およびその物理学的な応用のための現

象学的な基礎づけへの寄与』（『哲学および現象学的研究のための年報』第六巻、一九二三年、三八五ページ以下）を参照されたい。

訳注

（1）この「形式と方向」という語は疑問である。解説の注四二九ページに示したヘルマンの注釈書では、「形式《フォルム》」は「遠さ《フェルネ》」の誤植と指摘している（同書、二六七ページ参照）。ちくま学芸文庫版の細谷訳では、「著者の同意を得て修正する」として、「遠近や見当」と訳している（上巻の訳注五〇〇ページ）。「遠さと方向づけ」が適切と思うが、原文のママとする。

（2）「空間を与える」は「ラウム・ゲーベン」と、言葉どおりの語であり、「場を空けること」と訳したのは、アインロイメンという語である。これは分離動詞の前綴りのアインと、「片づける」を意味するロイメンで作られたふつうのドイツ語の単語で、「場所を整頓する、場を明けわたす」のような意味をもち、「アイン」という前綴りは、「外から中へ」の方向性、包囲、消滅、開始、反復などの複雑な意味をもち、「ロイメン」は明けわたす、片づけるなどを意味する。

152

第四章　共同存在と自己存在としての世界内存在、「世人《ひと》」

312

本章の構成

世界の世界性の分析は、つねに世界内存在の全体の現象を視野にいれているが、世界内存在を構成するすべての契機が、世界の現象と同じような現象的な明瞭さによって浮き彫りにされているわけではない。［本書では］世界を存在論的に解釈する際に、世界内部的に存在する手元的な存在者［について］の吟味を経由《ドゥルヒガング》するという道をたどったのであるが、こうした解釈を先だって実行したのは、分析の主題はつねに、現存在をその日常性においてみることにあったからであり、また現存在はたんに世界のうちに存在しているだけでなく、ある優先的な存在様式によって、世界にたいしてある態度をとっているからである。

現存在はさしあたりたいていは、自分の世界に心を奪われている。このように世界

114 に没頭しているという存在様式と、その基礎にある内存在一般が、わたしたちがこれから問おうとしている現象を本質的に規定しているのである。そしてわたしたちはこの現象について、〈日常性において現存在であるのは誰なのか〉という問いによって問おうとしている。

現存在のすべての存在構造は、そしてこの〈誰なのか〉という問いに答える現象もまた、現存在の存在のありかたである。この存在のありかたを存在論的に性格づける営みは、実存論的な営みである。この営みを遂行するためには、問うための適切な端緒を定めておく必要があるだけでなく、現存在の日常性という現象的な領域をさらに広く視野にいれるための道筋を、あらかじめ適切に素描しておく必要がある。

この〈誰なのか〉という問いに答えるために分析すべき現象へと探求を進めることによって、現存在において、世界内存在とひとしく根源的な「二つの」存在構造をみいだすことができる。それが共同存在と共同現存在である。こうした存在様式のうちに、日常的な自己存在《ゼルプストザイン》の様態が根拠づけられているのであり、この自己存在《ゼルプストザイン》を解明することによって、日常性の「主体」と呼ぶことのできるもの、すなわち世人（ひと）がみえてくるようになる。

こうして、平均的な現存在とは〈誰なのか〉という問いをめぐるこの章は、次のように構成される。

一　現存在とは〈誰なのか〉を問う実存論的な問いの端緒（第二五節）
153 二　他者の共同現存在と日常的な共同存在（第二六節）
三　日常的な自己存在と〈世人《ひと》〉（第二七節）

第二五節　現存在とは〈誰なのか〉を問う実存論的な問いの端緒

313 自己という基体

そもそも現存在というこの存在者とは〈誰なのか〉という問いには、わたしたちが現存在の根本的な規定を形式的に告示したところで（第九節参照）、すでに答えられているようにみえるかもしれない。すなわち現存在とは、そのつどわたし自身である存在者であり、現存在の存在はそのつどわたしの存在でもある。この規定は一つの存在、論的な機構を告示するものではあるが、それ以上ではない。

この規定には、現存在というこの存在者は、そのつど一つの自我《イッヒ》であり、他者たち《アンデレ》ではないという存在者的な、ただし粗雑な言明が含まれている。このようにして〈誰なのか〉という問いには、自我自身《イッヒ・ゼルプスト》によって、「主体《ズプイエクト》」であるとか、「自己《ゼルプスト》」であると答えられることになる。そうするとこの〈誰〉とは、行動や体験が変化しても同一なものとしてみずからを維持している者のことであり、しかもこうした「行動や体験の」多様なありかたとみずからかかわっている者のことだということになる。

わたしたちは存在論的にはこれを、ある閉ざされた領域のうちで、そしてこの領域にたいしてそのつどすでに不断に眼前的に存在しているもの、卓越した意味で根底にあるもの、すなわち基体（ズプイエクトゥム）のことであると理解している。この基体とは、さまざまに異なるありかたをしながらも自己同一的なもの《ゼルビゲス》であって、その意味で自己（ゼルプスト）という性格をそなえている。

心というものを実体的なものとみなすべきでないと主張する人々や、意識の事物化と人格の対象化を否定する人々も、存在論的にみると、その存在が多かれ少なかれ眼前的な存在という意味をそなえたものを、考察の端緒としていることに変わりはない。

150 〈誰なのか〉という問いに答えることが求められる存在者は、実体性を存在論的な導きの糸として規定されているのである。このように現存在は暗黙のうちにあらかじめ、眼前的に存在するものとして把握されていることになる。いずれにしても現存在の存 115
在が無規定なままであるかぎり、こうした［眼前的な存在という］存在の意味が暗に含まれているのである。しかし眼前性は、現存在ではない存在者の存在様式なのである。

314 現存在の〈誰〉

この〈わたしこそが、そのつど現存在なるものである〉という言明は、存在者的に
154 はごく自明なことであるが、このようにして「与えられたもの」を存在論的に解釈するための道が、これによって誤解の余地のない形であらかじめ素描されていると考えてはならない。むしろこの言明の存在者的な内実が、日常的な現存在の現象的な状況を適切に反映しているかどうかは、実は疑わしいことなのである。日常的な現存在の〈誰〉は、もしかするとそのつどわたし自身《イッヒ・ゼルプスト》ではないかもしれないのである。

315　**問題構成の転倒を避けるべきこと**

存在者的な言明であっても存在論的な言明であっても、そうした言明を行うにあたっては、存在者そのものの存在様式に基づいて、現象的に提示することを重視すべきなのであって、昔からずっと採用されてきたためにごく自明に思われる回答や、こうした回答に基づいた問題設定に頼るべきではない。だからここで問おうとしている問いについても、現存在の現象学的な解釈において、問題構成が転倒したものにならないように、警戒する必要がある。

316　**意識の形式的な現象学**

そもそも方法論が原則として健全なものであるためには、その問題構成について考察する端緒を、主題とされる領域に含まれるごく明証的な所与に求めるべきであろう。そして自我《イッヒ》という所与ほどに、疑問の余地のないものがほかにあるだろうか。しかもこの自我《イッヒ》という所与を調べてみると、自我《イッヒ》を根源的に導きだすためには、その他のすべての「与えられているもの」を無視し、存在する「世界」だけではなく、他の「もろもろの自我」の存在すら、無視すべきであることが指示されているのではないだろうか。

このような所与によって与えられるものが、すなわち端的に形式的で反省的な自我《イッヒ》の知覚が与えるものが明証的なものであるというのは、おそらく事実であろう。そしてこの洞察はさらに、「意識の形式的な現象学」として、原則的な枠組みを定めるような意義をそなえた独自の現象学的な問題構成に近づく道を切り拓くものでもある。

317 現存在の自己解釈の罠

しかしわたしたちが進めている事実的な現存在の実存論的な分析論との関連では、これについて次のような疑問が湧いてくる。すなわち自我《イッヒ》が与えられるこのような「明証的なものという」与えられ方は、現存在を開示しているのだろうか。そしてそれが現存在を開示するのだとしても、その日常性において開示しているのだろうか。そして作用の主体である自我《イッヒ》を端的に知覚する反省の営みが、現存在に近づくための道でなければならないというのは、アプリオリに自明なことなのだろうかという疑問である。

現存在が「自己を与える」この様式は、わたしたちの実存論的な分析にとって、一つの誘惑であるとしたら、そしてこの誘惑が、現存在自身の存在に基づくものだとし
155
たら、どうなるだろうか。現存在は、もっとも身近にあるみずからに呼び掛けるときにはつねに、わたし《イッヒ》こそ、その現存在だとつねに主張するだろう。しかも結局のところ、現存在がこの現存在という存在者で「ない」ときにこそ、それをもっとも声高に主張するだろう。

現存在はそのつど〈わたしのもの《マイネス》〉であるという機構をそなえているが、それが現
116
存在がさしあたりたいていは現存在自身ではないことの根拠になっているとしたら、どうなるだろうか。もしも実存論的な分析が、これまで述べたような自我の所与性に手掛かりを求めると、現存在自身が作りだした罠に落ちてしまうのだとしたら、現存在にとってごく分かりやすい自己解釈の罠に落ちてしまうのだとしたら、どうなるだろうか。端的に与えられているという形で近づくことができるものを規定するための

存在論的な地平が、原理的に無規定なままにとどまっていたとするならば、どうなるだろうか。

この現存在という存在者について、それは「自我《イッヒ》」であると語ることは、存在者的にはつねに正当なことかもしれない。しかし存在論的な分析論においてこのように言明しようとする場合には、原理的な留保をつける必要がある。

この「自我《イッヒ》」という言葉は、何かについての拘束力のない形式的な告示という意味だけで理解すべきものである。その何かについては、そのつどの現象的な存在連関においては、それとはおそらく「反対のもの」であることがあらわになるかもしれないのである。ただしこの場合の「反対のものである」「自我でないもの《ニヒト・イッヒ》」とは、本質的に「自我性《イッヒハイト》」を欠如した存在者という意味では決してなく、「自我《イッヒ》」自身の特別な存在様式、たとえば〈自己喪失《ゼルプストフェアローレンハイト》〉(1)のような存在様式を指しているのである。

318 他者との共同現存在の存在論的な解釈

しかしこれまで示してきた現存在の積極的な解釈からみても明らかなのは、自我が形式的に与えられていることについての言明から出発したのでは、〈誰なのか〉をたずねる問いに現象的に満足できる回答を求めることはできないということである。世界内存在の解明が明らかにしたのは、世界のないたんなる主体《ズブイエクト》などというものがさしあたり「存在している」わけではなく、また与えられているわけでもないということである。そして結局のところ同じように、さしあたり他者たちのいない孤立した自我というものが与えられることも決してないのである。[*1]

156

たしかに世界内存在にはつねにすでに「他者たち」が、「わたしと」ともに現に存在しているのであり、そのことは現象的に確認されるのであるが、だからといってこうした「与えられたもの」の存在論的な構造を自明なものとみなしたり、探求が不要なものとみなしたりしてはならない。わたしたちに必要なのは、このようにともに現に存在する「共同現存在の」存在様式を、もっとも身近な日常性において現象的にみえるようにすること、そしてそれを存在論的に適切に解釈することである。

319 自明性のもたらす誘惑

世界内部的な存在者のそのものの存在《アンジヒザイン》は、存在者的には自明なものであるために、この存在の意味はまた存在論的にも自明なものであるという間違った確信が生じがちであり、世界の現象が見逃されることになりやすい。また現存在はそのつど〈わたしのもの〉《マイネス》であることが存在者的には自明なものであるために、それと同じように存在論的な問題構成も自明なものとしてしまう誘惑がつねに含まれている。さしあたっては、現存在が〈誰〉であるかは、存在論的に問題であるだけでなく、存在者的にも覆い隠されているのである。

320 導きの糸

それではこの〈誰なのか〉という問いに実存論的かつ分析論的に答えるための導きの糸は、まったくないことになるのだろうか。決してそのようなことはない。こうした導きの糸として、すでに（第九節と一二節で）現存在の存在機構として示した〈形式的な告示〉が利用できるのである。ただしこれまで示してきた二つの告示のうちで、この節で検討してきた「現存在とは、そのつどわたし自身であるという」告示ではなく、現存在の「本質」は、その実存のうちに根拠をもつという告示のほうが役立つのである。

「自我」が現存在の本質的な規定であるかぎり、この規定は実存論的に解釈しなければならない。そうであれば、この〈誰なのか〉という問いは、現存在の特定の存在様式を現象的に提示することで、初めて答えられるのである。現存在はつねに実存することで自己であるのだとすれば、自己のこうした自立性は、それが「自立しないもの」になる可能性があるということと合わせて、自己をめぐる問題構成にふさわしい唯一の適切な近づき方とみなすべきなのであり、そのために実存論的で存在論的な問いを設定することが求められる。

321 人間の実体

しかしこの自己を、この現存在という存在者の一つの存在のありかたに「すぎない」ものとみなすならば、現存在の本来の「核心」を取り逃してしまうのと同じことになるのではないかと懸念される。しかしこうした懸念は、この現存在という存在者が根本ではやはり眼前的な存在者のような存在様式のうちにあるのではないかという誤った先入観を根拠として生まれてくるのである。現前する物体的な事物という物質的な性格を現存在から遠ざけようとしても、やはりこうした先入観が存在しているの
157 である。しかし人間の「実体」は、魂と身体が総合されたものとしての精神ではなく、
実存なのである。

原注

＊1 これについてはマックス・シェーラー『同情の現象学と理論のために』一九一三年、付録一一八ページ以下の現象学的な考察を参照されたい。また『同情

の本質と形式』というタイトルで一九二三年に出版されたこの書物の第二版の二四四ページ以下を参照されたい。(2)

訳注

(1)【欄外書き込み】「自己喪失」のところの欄外に、「これはあるいは貧しい自我性にたいしては、真正の〈自己であること〉であるかもしれない」と書かれている。

(2) シェーラーは『同情の本質と形式』において、人間の他者への愛や同情は根源的にそなわるものであり、「感情移入」などの概念では説明できないことを説いている。とくに第三部第三節の「他者の知覚」を参照されたい。

第二六節　他者の共同現存在と日常的な共同存在

322　回答の手掛かり

日常的な現存在が〈誰なのか〉という問いには、現存在がさしあたりたいていは身を置いている存在様式そのものの分析によって答えるべきである。現存在の根本的な機構としての世界内存在によって、現存在の存在のそれぞれの様態が規定されているのであるから、わたしたちはこの世界内存在のうちに、この問いに答えるための方向をみいだすことになる。

これまで世界について解明してきたさいに、世界内存在のその他の構造契機もすでに視野に入ってきたと語ってきたが、それが正しいとすれば、こうした解明によって、この〈誰なのか〉という問いに答える作業に、すでにある形で準備が行われてきたのである。

323　現存在としての他者

　これまで、たとえば職人の仕事の世界のようなごく身近な環境世界を「記述」してきたのだが、職人が仕事で使う道具とともに、その職人の「製品」を使用することになっている他の人々も「ともに出会われて」いたことが明らかになった。こうした手元存在的なものの存在様式のうちに、すなわちその適材適所性のうちに、そのものをやがて着用するようになる人を本質的に指示するものが含まれていたのである。その製品はその人の「身の丈に合わせて裁断されている」からである。同じように、「衣服の製作において」使用される材料のもとで、「仕事ぶりの良い」人として、あるいは「仕事ぶりの悪い」人として、その材料の製造者や「供給者」に出会っているのである。

　またわたしたちが「戸外に」出て畑に沿って歩くとすれば、誰かある人に属する畑として、そしてその人によってよく手入れされた畑として、それに出会うのである。また読みかけている書籍は、どこどこの店で購入した本であるか、誰かから贈呈された本であるなどとして、「他者との関連において」その本に出会うのである。岸辺につながれたボートはそのもの《アンジヒザイン》の存在のうちに、このボートに乗って漕ぎ出ようとしている知人を指示しているのであり、それが「見慣れないボート」であっても、やはり他者たちを示しているのである。

このようにわたしたちが環境世界において、手元的に存在している道具連関のうちで「出会っている」他者たちは、さしあたり眼前的に存在している事物に、〈おまけ〉のようにつけ足して考えられたものではない。わたしたちはこれらの「事物」に、それらが他者たちにとって手元的なものとして存在しているその世界のなかで出会うのであり、その世界はまたあらかじめすでにつねにわたしの世界でもあるのである。

これまでの分析では、世界の内部で出会うものの圏域をさしあたり狭い範囲に限定しておいて、手元的に存在している道具や、眼前的に存在している自然、すなわち現存在ではない性格の存在者だけにかぎってきた。こうした限定が必要だったのは、解明を簡略なものとするという目的のためだけではない。世界の内部で出会う他者たちの現存在という存在様式が、手元存在性や眼前性とは異なるものであるからこそ、何よりもこの限定が必要だったのである。

だから現存在の世界が〈開けわたす〉存在者は、道具や事物一般とはそもそも異なるものであるだけでなく、現存在自身として存在するという存在様式にふさわしく、みずからも世界内存在というありかたで世界の「うちに」存在しているのであり、この「現存在という」存在者は、その世界のうちで「他なる現存在と」世界内部的に出会うのである。この「他なる現存在という」存在者は眼前的に存在しているのでも、手元的に存在しているのでもなく、〈開けわたす〉現存在そのものと同じありかたで存在しているのであり、この存在者もまたともに現にそこに存在しているのである。だからすでに世界一般をその世界内部的な存在者と同じものと考えようとするならば、「世界」もまた現存在であると言わざるをえない。

324　他者とは誰のことか

わたしたちがこのようにして他者たちとの出会いを性格づけてみたとしても、それでも結局のところ、そのつど各自の現存在を基準にしているのである。この性格づけにおいてもわたしたちはやはり、「自我」に特別な地位を与え、これを孤立させることから出発しているのであり、この孤立した主体から他者たちに移行することを試みるしかないということになるのだろうか。

しかしこれは誤解であって、このように誤解されるのを防ぐには、「他者たち」によって何を意味しているのかを、ここで示しておく必要がある。「他者たち」とは、自我をそこから取り除いてもまだ残されているわたし以外の残りのひとびとのことを意味するのではない。他者たちとはむしろ、ひとが[1]自分とたいていは区別せずに考えるひとびとのこと、そのなかにひともまた含まれているようなひとびとのことである。このようにひともまた他者たちとともにそこに存在しているとしても、そのことは世界の内部に「ともに」眼前的に存在しているという存在論的な性格をそなえているわけではない。この「ともに」とは現存在にふさわしいありかたであり、「もまた」ということは、〈目配り〉によって配慮的に気遣う世界内存在と同じありかたをしているということである。ここではこの「ともに」も「もまた」も、実存論的に理解すべきであり、カテゴリー的に理解してはならない。

このように〈ともに〉を帯びた世界内存在に基づいて、世界はそのつどすでにつね
159 に、わたしが他者たちと分かちあっている世界である。現存在の世界は共同世界であ

り、内存在とは、他者たちとの共同存在である。他者たちの世界内部的なそのものの存在《アンジヒザイン》は、共同現存在である。

325 他者との出会いかた

わたしたちが他者たちと出会うのは、さしあたり眼前的に存在しているみずからの主体を、やはり現前するその他の複数の主体からあらかじめ区別して把握することによってではない。また、まず自己自身を第一義的なものとして眺めやっておいて、その後に初めて自分と区別される他者を確定することによって他者と出会うということでもない。〈目配り〉しながら配慮的な気遣いをしている現存在が本質的なありかたによって滞在している世界のほうから、他者と出会うのである。

他者を眼前的な存在とみなすのは、理論的に捏造された「説明」にすぎないのであり、こうした説明はわたしたちの頭のなかにたやすく入り込みがちである。こうした説明にたいしては、わたしたちは他者たちとは環境世界において出会うのであるという現象的な実情を見失わないようにする必要がある。

現存在が世界において他者と出会うその出会いかたは、ごく身近で基本的なものであるため、「体験すること」や「精神や人格という」「作用中心[2]」を見逃しているときには、あるいはそもそもそうしたものを「見てとって」いないときには、自分自身である現存在でさえ、みずからをさしあたり「眼の前にみいだされるもの」とみなすようなことが起こりうる。現存在はさしあたり自分が従事し、使用し、期待し、身を避けている当のものにおいて「自分自身」をみいだすのであり、さしあたり、配慮的に気遣われた環境世界的な手元的な存在において「自分自身」をみいだすのである。

326 〈ここにいるこのわたし〉

さらに現存在がみずからに明示的に、〈ここにいるこのわたし〉と呼び掛ける場合にも、こうした場所的な人称規定は、現存在の実存論的な空間性に基づいて理解しなければならない。この空間性についての解釈ですでに示唆しておいたように（第二三節）、この〈ここにいるこのわたし〉は、自我《イッヒ》という〈事物〉が存在している特別な地点を示すものではない。〈ここにいるこのわたし〉は、配慮的な気遣いとしてみずから滞在している手元的な世界の〈あそこ〉から、みずからを内存在として理解しているのである。

327 〈ここ〉と〈あそこ〉

ヴィルヘルム・フォン・フンボルトは、「わたし」ということを「ここ」という言葉で、「君」ということを「そこ」という言葉で、「彼」ということを「あそこ」という言葉で表現する言語、すなわち文法的に表現すれば、人称代名詞を場所の副詞によって表現する言語がいくつかあることを指摘したことがある。[*1] このように場所を表す言葉に、副詞的な意義と代名詞的な意義があるのだとすると、どちらが根源的なも
160 のかが問われるところである。

しかしこうした場所を表す副詞が語っているのが現存在としての自我《イッヒ》であることを考えてみれば、こうした問いもその意味を失う。「ここ」「そこ」「あそこ」は第一義的には、空間のある位置で眼前的な存在者が存在している純粋に世界内部的な場所を規定するものではない。これは現存在の根源的な空間性の特性を示す言葉なのである。

場所を示す副詞と思われているものは現存在の規定なのであり、第一義的にはカテゴリー的な意義ではなく、実存論的な意義をそなえているのである。

しかしこうした場所の副詞はまた、たんなる代名詞でもない。これらの言葉の意義は、場所の副詞と人称代名詞の違いが生まれる前に先立つところにある。ただしこれらの表現が本来的には空間的な現存在を示す意義をそなえているということからみても、理論的に歪められていない現存在解釈では、現存在を空間的に直接に把握していることが明らかである。こうした現存在解釈では現存在を、〈距離を取り〉つつ〈方向づけ〉をしながら、配慮的に気遣われた世界の「もとで存在すること」として、直接に把握しているのである。

　自分の世界に没頭している現存在が「ここ」という言葉を語るとき、それは自分の方を指して語っているのではなく、自分から離れて、〈目配り〉で眺めた手元存在者がある「あそこ」を指しているのである。それでいて同時に実存論的な空間性において存在する自己についても語っているのである。

328　他者との出会いの意味

現存在はさしあたりたいていは、自分がいる世界のほうからみずからを理解している。そして他者という共同現存在と出会うのも、しばしば世界内部的な手元的な存在者のほうからである。また他者たちが現存在というありかたで主題になる場合にも、わたしがたまたま出会うのは、眼前的に存在する人格という事物としての他者たちではなく、「仕事中」の他者たちと、第一義的には世界内存在としての他者たちなのである。

他者が「仕事中ではなく」たんに「あたりをぶらぶらしている」ときに、わたしたちが他者と出会うとしても、けっして他者を眼前的に存在している〈人間という事物〉として把握するのではない。「あたりをぶらぶらしている」というのは、一つの実存論的な存在様態であって、配慮的に気遣うことなく、〈目配り〉をすることもなく、あらゆるところにいながら、どこにもとどまらないということなのである。わたしたちは、世界のうちで共同現存在している他者と出会うのである。

329 孤独と共同存在

しかし「そこにある存在という」「現存在」という表現は、この存在者が「さしあたりは」他者たちと関係をもたずに存在していること、そしてただ事後的にだけ、他者たちと「ともに」存在することができることを明確に示しているのではないだろうか。たしかにそうだが、それでもわたしたちが共同現存在《ミットダーザイン》という用語で示しているのが、存在している他者たちが、〈そこに向けて《ダラウフヒン》〉世界内部的に〈開けわたされ〉ているまさに、その存在であるということを見逃してはならない。

161 他者たちのこうした共同現存在は、世界内部的にのみ、ある現存在にとって開示されているのであり、そのようにして共同現存在している他の人々にも開示されているのである。というのも、現存在は本質的におのずから共同存在《ミットザイン》だからである。この〈現存在は本質的に共同存在である〉という現象学的な言明は、実存論的かつ存在論的な意味をそなえたものである。

この言明は、わたしだけが事実的に単独で眼の前に存在しているのではなく、むしろわたしと同じような他者たちがほかにも多く現前していることを、存在者的に確認しようとするものではない。もしも〈現存在の世界内存在は本質からして、共同存在によって構成されている〉という命題がそのようなことを意味するのであれば、共同存在は、現存在の存在様式に基づいて、それ自体において現存在にそなわっている実存論的な規定ではなくなってしまうだろう。そして共同存在は、他者たちの現前に基づいてそのつど発生する性質のようなものになってしまうだろう。

共同存在は現存在を実存論的に規定しているのであり、このことは、他者が事実的に眼前存在しておらず、知覚されていない場合にも変わりがないのである。現存在は、たとえ孤独であっても、世界のうちで共同存在しているのである。他者が不在であるということも、共同存在においてのみ、そして共同存在にとってのみ可能なことなのである。孤独であるということは、共同存在の欠如的な様態であり、現存在が孤独になれるということが、そもそも共同存在の証拠なのである。

だから他方では、事実として孤独であることは、わたしの「隣」に人間の二番目の見本が眼の前に登場しても、それが一〇個になっても、解消されることではない。こうした見本のようなものが一〇個ほども眼の前にあっても、さらにそれよりも多くなっても、現存在は孤独でありうるのである。このように共同存在と共同相互存在《ミットアイナンダーザイン》の事実性は、複数の「主体」が集まって現前していることのうちには根拠をもたない。

多数のひとびとの「もとで」孤独であるということも、この多数のひとびとの存在について言えば、こうしたひとびとがたんにそこに眼前的に存在しているということを意味するわけではない。「多数のひとびとのもとで」存在しているときも、ひとびとは共同で現にそこにいるのである。すなわちひとびとの共同現存在は、無関心とよそよそしさという様態で、たがいに出会っているのである。このような不在や「留守」は、共同現存在の様態であり、これが可能であるのは、現存在が共同存在であって、みずからの世界において他者たちの現存在と出会っているからである。共同存在は、そのつどに固有な現存在の規定性である。共同現存在は、共同存在にとって他者の現存在がその現存在の世界によって〈開けわたされている〉かぎりで、他者の現存在を性格づけるものである。それぞれの固有の現存在は、共同存在という本質的な構造をそなえているかぎりで、他者たちに出会う共同現存在なのである。

162

330 顧慮的な気遣い

世界内存在にとっては、共同存在することが実存論的に世界内存在を構成する役割をはたす。これまでわたしたちは、〔現存在が〕〈目配り〉しながら、世界内部的に存在する手元的な存在者と交渉することを、先回りして〈配慮的な気遣い〉として概念的に把握してきたのだが、この〈配慮的な気遣い〉と同じように、この共同存在も現存在の存在一般を規定する気遣いという現象に基づいて解釈する必要がある（第一篇第六章を参照されたい）。

共同存在という存在様式は、世界内部的に出会う存在者にかかわりあう存在であるという点では、配慮的な気遣いと同じであるが、配慮的な気遣いにそなわる存在性格は、共同存在にはふさわしくない。現存在が共同存在としてかかわりあう存在者は、手元的な道具という存在様式をそなえておらず、それ自身が現存在であるからである。現存在はその存在者に配慮的《ベゾルゲン》な気遣いをするのではなく、存在者を顧慮的な気遣い（フュアゾルゲ）の対象とするのである。

331 顧慮的な気遣いの欠如態

食物や衣服についての「配慮的な気遣い」も、病める身体の看護も、〈顧慮的な気遣い〉である。しかしこの表現は、配慮的な気遣いという用語の使用法にならって、実存カテゴリーを示すものとして理解することにしたい。たとえば事実的な社会制度としての社会的な扶助も「顧慮的な気遣い」という用語で語られるが、[3]これは共同存在としての現存在の存在機構に依拠しているのである。

こうした制度が事実として緊急に必要とされているのは、現存在がさしあたりたいていは、顧慮的な気遣いが欠如した様態のうちにあるからである。顧慮的な気遣いに可能なさまざまなありかたとして、現存在がたがいに協力しあったり、反目しあったり、たがいを無視しあったり、知らん顔をして素通りしたりするようなありかたをすることがあげられる。そして日常的で平均的な共同相互存在《ミットアイナンダーザイン》の特徴は、後のほうであげたような欠如態や無関心態という諸様態にある。

これらの存在様態は、毎日のように配慮的に気遣われている道具の手元存在性や、他者たちの日常的で世界内部的な共同現存在にふさわしい〈目立たなさ〉や〈自明性〉と同じような特徴を示している。共同相互存在にみられるこうした無関心な様態のために、存在論的な解釈をする際に、共同相互存在とはさしあたり、複数の主体がたんに眼前的に存在することであると解釈する間違った傾向が生じることになる。

任意の事物がたがいに「無関心に」集まって現前することと、たがいに共同存在し 122
ている存在者たちが〈たがいに他者のことを気に掛けずに〉いることは、同じ存在様式の些細な変種のようにみえるかもしれないが、存在論的にはこの二つの存在様式のあいだには、本質的な違いがあるのである。

332　他者の代理になる顧慮的な気遣い

163 〈顧慮的な気遣い〉には、その積極的な様態として、二つの極端な可能性が考えられる。一方の極端な〈顧慮的な気遣い〉は、他者から「気遣い」の必要性をとり除いてやろうとするものである。配慮的な気遣いによって他者の身代わりとなり、他者の代理になることを目指すものである。この顧慮的な気遣いでは、配慮的な気遣いをすべき事柄を他者のために引き受けてしまうのである。

この場合には、他者は自分が本来占めるべき場所から押し退けられることになり、背後にただ控えているだけであって、配慮的に気遣うべきものが仕上げられてすぐに利用できるようになった後に、これをただ受けとるか、あるいはこうした気遣いをまったく免除されてしまうことになる。こうした顧慮的な気遣いが行われると、他者は相手に依存するようになり、相手に支配されることになる――たとえこうした支配が暗黙のものであり、支配されていることが覆い隠されているとしてもである。相手の代理になって、相手から「気遣い」を奪いとるこうした顧慮的な気遣いが、共同相互存在を広範に規定していることが多いものであり、その多くは手元的な存在者の配慮的な気遣いにかかわるものである。

333 **他者に手本を示す顧慮的な気遣い**

これとは対極的な顧慮的な気遣いとして、他者の代理となるのではなく、他者の実存的な存在可能において、他者に手本を示す、、、ような顧慮的な気遣いが考えられる。これは他者からその「気遣い」を奪いとるのではなく、相手に気遣いを気遣いとして本来の意味で返してやるのである。こうした顧慮的な気遣いは本質的に相手が本来関心をもつべきこと、すなわち相手の〈実存〉にかかわるものであり、相手が配慮的に気遣うべきものごとにかかわるものではない。このような顧慮的な気遣いは、相手が自分の気遣いにおいて鋭く見通すことができるようにしてやり、それに向かって自由になることができるように手助けをするのである。

334　共同相互存在の対極的なありかた

このように顧慮的な気遣いとは、現存在の一つの存在機構であって、その存在機構はそのさまざまな可能性において、配慮的に気遣われた世界とかかわりあう現存在の存在と結びつくとともに、自己自身へとかかわる本来的な現存在の存在とも結びついている。共同相互存在はさしあたり多様な形で、このような存在のうちで共通に配慮的に気遣われているもののうちに、もっぱら根拠をもっている。同一のことに従事していることから生まれる共同相互存在の場合には、表面的な結びつきに限られるだけでなく、疎遠さ《アプシュタント》や打ち解けなさという様態に陥ることが多い。同じ仕事のために雇われているひとびとの共同相互存在すら、不信だけによって養われていることが多いのである。反対に、ひとびとが同じ仕事のためにともに力をつくしている場合には、各自がそれぞれにみずから把握した現存在に基づいて規定されている。こうした本来的な結びつきがあって初めて、事柄に正しく即しながら、他者をみずからの自由なありかたに向けて、〈開けわたす〉ことが可能になるのである。

335 共同相互存在のさまざまな混合形態

164 このように、積極的な顧慮的な気遣いには、他者の代理となって他者を支配するような顧慮的な気遣いと、他者に手本を示して他者を自由にするような顧慮的な気遣いという二つの両極の気遣いがある。そして日常的な共同相互存在がこの中間にあって、さまざまな混合形態を示す。ただしこれらを記述し分類することは、この探求の範囲を超えるものである。

336　気配りのまなざしと大目に見るまなざし

配慮的な気遣いには、手元的なものを露呈させるという形で、目配りのまなざしがそなわっているが、顧慮的な気遣いを導くのは、気配り（リュックジヒト）のまなざしと大目に見ること（ナハジヒト）のまなざしである。どちらも顧慮的な気遣いとともに、これらのそれぞれに対応する欠如的な無関心態をつうじて、ついには気配りしないことと、無関心をもたらすような〈見過ごすこと〉（ナハゼーエン）にいたりうるのである。

337　〈そのための目的〉としての現存在

世界は、世界内部的に出会う存在者としての手元的な存在者を〈開けわたす〉だけでなく、現存在をも、すなわち共同現存在する他者たちをも〈開けわたす〉のである。しかしこのように環境世界的に〈開けわたされた〉現存在は、そのもっとも固有な存在意味において内存在でありながら、その同じ世界のうちで他者たちと出会い、共同に現存在しているのである。現存在の世界性については、前に有意義性の指示の全体として解釈しておいた（第一八節）。

現存在は先行的に了解しながらこの有意義性に親しんでいることによって、手元的な存在者と、その適材適所性において露呈されたものとして出会う。有意義性の指示連関は、現存在が自己のもっとも固有な存在にかかわることで、現存在の存在のうちに確保されているのである。現存在のこのもっとも固有な存在は、その本質からして、いかなる適材適所性ももちえない。この固有な存在はむしろ、現存在自身が存在するとおりに存在しているそのための目的（ヴォルムヴィレン）そのものとしての存在である。

338 **他者のために存在する現存在**

今わたしたちが行っている分析によると、現存在がみずからの存在そのものにおいてみずからにかかわっているその存在には、他者たちと共同存在するということが含まれる。このため現存在は共同存在としては、本質的に他者の〈ために《ウムヴィレン》〉「存在している」ことになる。これは実存論的にみて本質にかかわる言明として理解しなければならない。そのおりおりの事実的な現存在が、他者たちに向かおうとせず、他者たちなどいなくてもよいと考えているか、あるいは他者たちなしでなんとか済ませている場合にも、現存在は共同存在というありかたで存在しているのである。

共同存在とは、実存論的には他者たちの〈ために《ウムヴィレン》〉存在するということであり、その共同存在のなかで他者たちは自身の現存在においてすでに開示されているのである。このように共同存在によって、他者たちがあらかじめ開示されるということが構成されているのであり、それが有意義性を作りだし、世界性を作りだすものとなっている。
165
そのようなものとして世界性は、実存論的な〈そのための目的《ヴォルムヴィレン》〉のうちに固定されているのである。

現存在が本質としてそのつどすでにそのうちにある世界の世界性は、このように構成されているのであるから、現存在が環境世界的に手元的な存在者と出会うときには、〈目配り〉によって配慮的に気遣われているこうした手元存在者だけでなく、同時に他者たちの共同現存在とも出会っているのである。世界の世界性の構造のもとでは、他者たちは他の事物の傍らに、宙に浮動する〈主体〉のようなものとしてさしあたり眼前的に存在するのではなく、彼らが世界のうちで環境世界的に配慮する気遣いの存在において、この世界のうちから、この手元的な存在者のほうから、姿を現すのである。

339 他者と知り合うこと

このように共同存在のうちには、他者の共同現存在がすでに開示されているのである。現存在の存在は共同存在なのであるから、このことが意味するのは、現存在の存在了解のうちに、他者たちについての了解もすでに含まれているということである。一般に理解というものがそうであるように、この理解も認識の営みによって生まれてくる知識ではなく、根源的に実存論的な存在様式なのであって、これによって初めて、認識の営みや知識というものが可能になる。たがいに知り合いになるということは、根源的に理解する共同存在に基づいたことである。共同存在している世界内存在のごく身近な存在様式にふさわしい形で、現存在が他者とともに環境世界的に〈目配り〉することで眼の前にみいだし、配慮的に気遣うものごとについて、理解しつつ識別するときに、このようにさしあたりたがいに知り合うようになるのである。自分が配慮的に気遣っているもののほうから、それを理解することにおいて、顧慮的に気遣いつつある配慮的な気遣い《ベゾルゲン》が理解される。このようにして他者はさしあたり、配慮的に気遣いつつある顧慮的な気遣い《フュアゾルゲ》のうちに開示されているのである。

340　たがいにまず近づきになること

しかしこの顧慮的な気遣いはさしあたりたいていは、欠如的な様態にあるか、少なくとも無関心な様態のうちにある。すなわちたがいに素通りしあう無関心さのうちにあるので、人と身近に本質的に〈知り合いになる〉ためには、まず〈たがいに近づきになる〉必要がある。ましてや控え目になることや、自分を隠すことや、偽ることなどのありかたのために、この〈知り合いになる〉ことが行われない場合には、共同相互存在は他者たちに近づくために、あるいは「他者たちの本音を知る」ために、特別な手立てを必要とするようになる。

166

341 「感情移入」

しかし自分の心を打ち明けたり、自分の心を隠したりするのも、共同相互存在のそのつどの存在様式に基づくものであり、あるいは共同相互存在のそのつどの存在様式そのものであったりする。そこで顧慮的な気遣いをしながら他者を明示的に開示する姿勢も、他者とともにあるという第一義的な共同存在のうちから、そのつど芽生えてくるのである。このような他者の開示は、いわば主題的な開示であるが、まだ理論的で心理学的な開示ではない。しかし「他者の心的な生」の理解という理論的な問題構成においては、こうした開示がさしあたり注目される現象となるのである。

これは現象的には「さしあたり」理解しあいながら共同相互存在する一つのありかたにすぎないのであるが、これが同時に、「原初的」かつ根源的に、他者とかかわる存在を可能にし、構成するものとして考えられるようになる。この現象は「感情移入」という不適切な名前で呼ばれているが、まずさしあたり単独に存在する自己に固有の主観というものを想定しておき、次に他者の主観をさしあたりは一般に閉ざされたものとみなしてから、この「感情移入という」現象によって、二つの主観のあいだに存在論的に〈橋〉を架けようとするのである。

342　自己の複製としての他者

他者たちとかかわる存在は、眼前的に存在する事物にかかわる存在とは、存在論的に異なるものであるのはたしかである。「他者である」存在者は、それ自身が現存在という存在様式をそなえている。そのため他者たちとともにあり、他者たちとかかわる存在のうちには、現存在が「別の」現存在とかかわる存在関係が含まれていることになる。しかし現存在はもともと自己についての存在了解をそなえているのであり、そのようなものとして「別の」現存在にかかわるのであるが、こうした存在関係はすでにそれぞれの現存在を構成するような存在関係にほかならないと指摘されるかもしれない。すると、他者たちとかかわる存在関係は、それぞれ「の現存在が」自分とかかわる存在を、「別の他者のうちに」投影したものにすぎないことになる。こうして、他者は自己を複製したものだということになる。

343 「感情移入」論の弱点

この議論はいかにも自明なもののようにみえるとしても、これがごく薄弱な土台に立つ理論であることはすぐに分かる。この議論では、現存在の自己とかかわるありかたが、他者とかかわるありかたと同じものであることを前提としているが、この前提は成立しない。この前提が根拠のあるものであることが明証的に証明されるまでは、現存在の自己との関係が、どこまでも他者である他者にたいしてどのように開示されるかは、謎のままである。

344 「感情移入」と共同存在

他者へとかかわる存在は、還元することのできない自立的な存在連関であるだけではない。こうした存在連関は、共同存在として、現存在の存在とともにすでに存在しているものである。共同存在に基づいて生き生きとして行われる〈たがいに知り合いになる〉ことは多くの場合、それぞれの固有の現存在がそのつどみずからをどこまで理解しているかに左右されるのであり、このことは、争う余地のないことである。しかしこれが語っているのは、固有の現存在が、他者たちとの本質的な共同存在をどれ
167
ほどまでに洞察し、歪めずにいるかということにすぎない。そしてこれが可能であるのも、現存在が世界内存在として、そのつどすでに他者たちとともに存在しているからにほかならない。「感情移入」によって共同存在が初めて構成されるのではない。共同存在という土台があることで、初めて「感情移入」が可能になるのである。そして共同存在の欠如的な様態があらかじめ支配的であるために、こうした「感情移入」が不可欠なものとなっているのである。

345　**「感情移入」の解釈学の課題**

「感情移入」は実存論的に根源的な現象ではない。それは認識一般がそうでないのと同じである。ただしこのことは、この感情移入という考え方には何ら格別な問題が

ないということではない。この感情移入という現象を特別な対象とする解釈学によって、現存在自身のさまざまな存在可能性のために、共同相互存在とそこで行われる〈知り合いになること〉が、どこまで不適切なかたちで導かれ、構築されるかを示す必要があるだろう。そしてこの解釈学によって、そのために真正な「理解」が妨げられ、現存在は代用物に逃げ道をみいだすようになるか、他者を正しく理解することが可能となるためには、どのような積極的な実存論的な条件が前提とされるかも、示す必要があるだろう。

わたしたちの分析から明らかになったのは、共同存在が世界内存在を実存論的に構成するということである。共同現存在は、世界内部的に出会う存在者に固有の存在様式なのである。現存在はそもそも存在するかぎり、この共同相互存在という存在様式のもとにある。この共同相互存在を、現前する複数の「主体」の総計のようなものと考えてはならない。一定の数の「主体」が眼の前にみいだされるとしても、それはさしあたりその共同現存在において出会う他者たちを、ただたんなる「頭数」として取り扱うことによって、初めて可能になる。このような頭数は、特定の共同相互存在とたがいにかかわって存在していることによって露呈されたのである。この「気配りすることのない」共同存在は、他者を「計算にいれる」ことはあっても、真剣に「他者をあてにしている」わけではないし、他者と「関係をもとう」としているわけでもないのである。

346 共同相互存在をひきうける者

固有の現存在というものも、他者たちとの共同現存在というものも、さしあたりたいていは環境世界的に配慮的に気遣われた共同世界の側から出会うのである。現存在はこのように配慮的に気遣われた世界に没頭しているのであり、これは自分自身では
168 なく、他者たちとかかわる共同存在のうちに没頭しているということである。それでは日常的な共同相互存在としての存在をひきうけているのは誰なのだろうか。

原注

＊1　ヴィルヘルム・フォン・フンボルト「いくつかの言語における場所の副詞と代名詞の類縁性について」（一八二九年）、全集（プロイセン科学アカデミー版）、

第六巻第一部、三〇四〜三三〇ページ。

訳注

（1）ここでハイデガーは、「ひと」をドイツ語の普通の用語（不定代名詞）として使っており、“*man selbst sich zumeist* nicht *unterscheidet*”と書いている。この「ひと」を名詞化して特別な概念としたのがdas Manであり、この訳書では世人《ひと》と訳す。この概念が正式に登場するのは、次の第二七節「日常的な自己存在と〈世人《ひと》〉」からである。

（2）「作用中心《アクトツェントルム》」はマックス・シェーラーの使用した概念である。シェーラーは人間は動物とは違って行動する際の意識の「中心」のようなものをそなえていると考え、それを「作用中心」と呼ぶ。これが人格である。「精神が有限の存在領域の内部で現れる場合、その作用中心《アクトツェントルム》をわれわれは〈人格〉と名づける」（シェーラー『宇宙における人間の地位』亀井裕・山本達訳、白水社、四七ページ）。

（3）ドイツなどでは福祉保護、社会福祉事業を、ここで「顧慮的な気遣い」と訳しているフュアゾルゲという言葉で表現する。福祉手当てなども同じ言葉で呼ばれる。

第二七節　日常的な自己存在と〈世人《ひと》〉

347 「主体としての性格」

これまでの共同存在の分析結果のうちで存在論的に重要な意味をもつのは、それぞれに固有の現存在と他者たちの「主体としての性格」は実存論的に規定されている、すなわちある特定様式によって規定されているという洞察である。環境世界のうちで配慮する気遣いのもとで、現存在はあるがままの他者たちと出会う。他者たちとは、他者たちが従事しているところのものである。

348 他者との疎遠さ

ひとは他者たちとともに、他者たちのために、他者たちに対抗して獲得したものを配慮的に気遣うのだが、そこには他者たちとの〈差異〉についての気遣いがつねに含まれている。こうした気遣いが行われるのは、たんに他者たちを自己と違うものとして差別したことの埋め合わせのためであったり、それぞれに固有の現存在が、他者たちにたいして遅れをとっているために、他者たちとの関係のうちで、こうした遅れを取り戻したいと考えるためであったりする。また、現存在が他者たちにたいして優位にあるときに、[こうした優位を維持するために]他者たちを抑えつけておこうとするためであることもあるだろう。

共同相互存在は、このような他者たちとの〈隔たり《アプシュタント》〉について気遣いするため、みずから意識することなく、安らぎがえられなくなっている。実存論的には、これは[他者たちとの]疎遠さという性格をそなえている。この存在様式は、日常的な現存在自身には目立たないものとなっているが、実はそれだけ執拗に、根源的なものとして働いているのである。

349 世人《ひと》

共同存在にこうした〈他者たちとの疎遠さ〉がそなわっているということは、現存在は日常的な共同相互存在としては、他者たちの支配のもとにあるということである。現存在はみずからそのものであるのではなく、他者たちが現存在からその存在を奪ってしまっているのである。現存在がさまざまにそなえている日常的な存在可能性を、他者たちの意向が自由に操っているのである。その際には、こうした他者たちとは特定の他者たちのことではない。反対に、どの他者でも、こうした他者たちでありうる。

ここで決定的に重要なのは、共同存在である現存在がみずから意識せずに、他者たちによる目立たない支配を、すでに受けいれてしまっているということである。ひと《マン》は誰もがこうした他者たちの一人であり、その力を強めているのである。ひと《マン》はこうしたひとびとのことを「他者たち」と呼ぶが、それは自分自身も本質的にこうした他
169 者たちに属していることを隠すためであり、こうした「他者たち」とは、日常的な共

194

同相互存在において、さしあたりたいていは「そこにいる」ひとびとのことなのである。この〈誰〉とは、このひとでもあのひとでもなく、ひと《マン》そのものでもなく、数人のひとでもなく、すべてのひとびとの総計でもない。この「誰」とはとくに誰でもない中性的なもの、世人（ダス・マン）である。

350　世人《ひと》の独裁

すでに示したように、ごく身近な環境世界のうちでも、公共的な「環境世界」というものがそのつどすでに手元的に存在しており、ともに配慮的に気遣われている。公共の交通機関を利用するとき、報道機関（新聞）を利用しているときには、どの他者もほかの他者と同じように存在する。こうした共同相互存在のうちでは、それぞれの固有の現存在は「他者たち」という存在様式のうちに完全に溶け込んでしまうので、他者たちのもっているはずの違いも、際立ったありかたも消滅してしまう。そしてこの目立たなさと確認しがたさのうちで、世人《ひと》は、その本来の独裁権を振るうのである。わたしたちは、ひとが楽しむように楽しみ、興じる。わたしたちが文学や芸術作品を読み、鑑賞し、批評するのは、ひとが鑑賞し、批評するようにである。わたしたちが「群衆」から身を引くのも、ひとが身を引くようにである。わたしたちが「憤慨する」のも、ひとが憤慨するようにである。この世人《ひと》とは特定のひとではなく、総計としてではないとしてもすべてのひとであり、これが日常性の存在様式を定めているのである。

351　存在可能性の平均性

世人《ひと》には、それに固有の多様なありかたがある。わたしたちが「他者たちとの」〈疎遠さ〉と名づけた共同存在にみられる傾向は、共同相互存在のありかたとして、平均性を配慮的に気遣うものだということから生まれるのである。この平均性とは、世人《ひと》の実存論的な性格である。世人《ひと》はその存在において本質的に、この平均性に関心をもっている。だから世人《ひと》は事実としてこの平均性のうちに身を置いているのであり、これに基づいて何が平均的なものとして認められるか、何が妥当し、妥当しないか、どのようなものを成功として認めるか、あるいはそれを拒むかを決めているのである。

この平均性は、どのような企てを試みることができるか、試みてよいかという好みをあらかじめ定めておいて、例外的なものが登場してくるのを見張っているのである。優位をもつものはすべて、物音一つたてずに抑え込まれてしまう。創造的なものはすべて、一夜にして知り尽くされたもの、当たり障りのないものになってしまう。苦労して獲得されたものもすべて、手頃に手に入るものになる。どんな秘儀もその力を失う。この平均性の気遣いはここでも、現存在の別の本質的な傾向をあらわにするのである。これをすべての存在可能性の均等化と呼ぶことにしよう。

352 公共性

170 他者との「疎遠さ」、平均性、均等性は、世人《ひと》の存在のありかたを示すものであって、これがすでに「公共性」として知られてきたものを構成する。この公共性は、すべての世界解釈と現存在解釈をさしあたり規制し、すべてのことで自分の正しさを主張する。それが正しいというのは、「物事」にかんして、傑出した第一義的な存在関係をそなえているからではないし、現存在が身につけた明示的な洞察をしているからでもない。その反対に、「事象そのもの」に決して立ち入らないからである。つまり公共性は、すべての水準の違いと真偽の差異にまったく無感覚だからである。公共性はすべてのものを不明確なものとしてしまい、このようにして隠蔽されたものを、周知のものであり、誰もが近づくことのできるものであると言い触らすのである。

353　世人《ひと》の責任

世人《ひと》はどこにでもいる。しかも現存在が決断を迫られるときには、世人《ひと》はすでにつねに姿を消してしまっている。だが世人《ひと》はあらゆる決定と決断をすでに与えてしまっているので、それぞれの現存在はもはや責任というものを取ることができなくなっている。「ひと」はいつも世人《ひと》をひきあいにだそうとするが、世人《ひと》はそれを平然とうけいれることができる。世人《ひと》はすべてのことについて軽々と責任をひきうけるが、それはどの「ひと」も、責任をとる必要のある「ひと」ではないからである。世人《ひと》こそ、その責任をとる必要のあるひとであったが、それでもやはり「誰も」責任をとる必要のあるひとでは「なかった」と言われるのである。現存在の日常性においては、多くのことが、誰もが責任をとる必要のあるひとではなかったと言わざるをえないようなことによって起こされているのである。

354　存在免責

こうしてそれぞれの現存在はその日常性において、世人《ひと》によって免責される。それだけではない。現存在には、軽々しく引き受け、軽々しく行為する傾向があるために、世人《ひと》はこの存在免責によって、現存在に迎合するのである。そして世人《ひと》がこの存在免責によってたえずそれぞれの現存在に迎合しつづけるので、世人《ひと》はその根強い支配力を維持し、さらに強化するのである。

355　誰でもないひと

誰もが他者であり、誰一人として自分自身ではない。日常的な現存在であるのは誰なのかという問いには、それは世人（ひと）であると答えられる。この世人《ひと》とは、誰

171

でもないひとであり、この誰でもないひとに、すべての現存在は、〈たがいに重なり《ウンターアイン》あうように存在《アンダーザイン》〉しながら、みずからをつねにすでに引き渡してしまっているのである。

356 「不断性」

日常的な〈たがいに重なりあうように存在〉している現存在の存在性格についてこれまで、［他者との］疎遠さ、平均性、均等化、公共性、存在免責、迎合などをとりだしてきたが、こうした存在性格には現存在のもっとも身近な「不断性」が示されている。この不断性とは、何かが不断に眼前的な存在者として存在しつづけることを示すのではなく、共同存在としての現存在の存在様式にかかわるものである。ここに示したさまざまな様態において存在するとき、それぞれの固有の現存在の自己《ゼルプスト》と他者の自己《ゼルプスト》は、みずからをまだみいだしていないか、あるいはすでに失っているのである。

ひと《マン》とは、非自立性と非本来性というありかたで存在している。このようなありかたで存在するということは、現存在の事実性を過小評価するものではない。〈誰でもないひと〉である世人《ひと》が、無ではないのと同じことである。反対にこの存在様式においてこそ現存在は、〈もっとも実在的な存在《エンス・レアリッシムム》〉である——「実在性」ということを、現存在にふさわしい存在という意味で理解するならば。

357　「もっとも実在的な主体」

とはいえ、現存在一般が眼前的に存在しないのと同じように、世人《ひと》も眼前的に存在するものではない。公然とふるまえばふるまうほど、世人《ひと》は捉えにくくなり、隠蔽されたものになる。しかしそれによって無のようなものになるわけではない。存在者的かつ存在論的に先入観のないまなざしで「見る」ならば、世人《ひと》は日常性のなかで「もっとも実在的な主体」であることがあらわになる。そしてわたしたちは世人《ひと》に、眼の前にある石のように近づくことはできないとしても、このことはその存在様式についていかなる決定を下すものでもない。

この世人《ひと》というものは「本来は」無にすぎないと即断することはできない。また複数の主体が集まって眼前的に存在したのちに事後的に合成して生まれたものであると「説明」することで、この現象は存在論的に解釈されたのであるという見解を信奉してもならない。むしろ反対に、どうしても否定することのできないこれらの現象に基づいて、さまざまな存在概念を仕上げる必要があるのである。

358　伝統的な論理学の無能

世人《ひと》はまた、複数の主体の上部に漂っている「一般的な主体」のようなものでもない。このような見解が生まれるのは、「主体」の存在について現存在にふさわしい主体として理解せずに、どこかに現前している〈類〉のうちに含まれるものとして事実的に、そして眼前的に存在している一つの事例として、解釈の発端に置くからである。発端をこのようなところに置いてしまえば、存在論的には、個々の事例でないすべてのものは〈種〉や〈類〉としてしか、理解できなくなる。世人《ひと》は個々の現存在の〈類〉のようなものではないし、この現存在という存在者にそなわっている不変の性質のようなものとして眼前にみいだすことができるようなものでもない。

伝統的な論理学も、このような現象を前にすると手も足も出なくなるが、この論理学は、眼前的な存在者についてのいずれにせよ粗雑きわまりない存在論を基礎としていることを考えるならば、それは何ら不思議なことではない。だから原則として、この論理学をどれほど改善し、拡張したところで、柔軟性が高くなるというものではない。これまで論理学にいわゆる「精神科学的な」方向からの改善が行われたものだが、こうした改善は存在論的な混乱を深めるだけなのである。

359 実存カテゴリーとしての世人

世人は実存カテゴリーであり、根源的な現象として、現存在の積極的な機構に属するものである。世人《ひと》自身はまた、現存在にふさわしいかたちで具体化される多様な可能性をそなえている。世人《ひと》による支配がどの程度まで強力なものであるか、そして明確な形で表現されるかは、歴史的に変化することがありうる。

360 世界の隠蔽と露呈

日常的な現存在の自己《ゼルプスト》は、世人自己（マン・ゼルプスト）であり、わたしたちはこれを本来的な自己、すなわち固有につかみとられた自己と区別しておこう。世人自己として存在しているそれぞれの現存在は、世人《ひと》のうちで放心しているので、ことさらにみずからをみつける必要がある。この〈放心〉は、すでにわたしたちが身近に出会う世界のうちに、配慮的な気遣いをしながら没頭することとして捉えた存在様式のうちにある「主体」の特徴である。

現存在が世人自己《マン・ゼルプスト》としての自分自身に親しんでいるならば、それは世人《ひと》によって世界と世界内存在のごく身近な解釈がすでに素描されていることを意味する。世人自己は、現存在が日常的に〈そのための目的《ヴォルムヴィレン》〉として存在しているものであり、有意義性の指示連関の構造を定めているものである。現存在の世界は、そこで出会う存在者を、世人《ひと》が親しんでいる適材適所性の全体に向けて、しかも世人《ひと》の平均性によって確定された限度のうちで、〈開けわたす〉のである。

さしあたりは、事実的な現存在は平均的に露呈された共同世界のうちに存在している。さしあたりは、固有の自己《ゼルプスト》としての「わたし」が「存在している」のではなく、世人《ひと》というありかたをした他者たちが存在しているのである。この世人《ひと》のほうから、この世人《ひと》として、わたしはわたし「自身」にさしあたり「与えられて」いるのである。さしあたり現存在は世人《ひと》であり、そしてたいていはそのまま世人《ひと》でありつづける。

現存在が世界を固有なかたちで露呈させ、自分に近づけようとするならば、そして自分の本来の存在をみずからに開示しようとするならば、こうした「世界」の露呈と
173 現存在の開示は、つねに現存在が自分を自分自身から遮断するために行っていた隠蔽や暗がりをとりのぞくことによって行われるのであり、偽装を破壊することによって行われるのである。

361　現存在の根本的な機構

わたしたちは世人《ひと》における共同存在と自己存在《ゼルプストザイン》を解釈することで、日常性において共同相互存在するのは〈誰なのか〉という問いに答えたのである。この考察によって

同時に、現存在の根本的な機構を具体的に了解することができたのである。世界内存在はその日常性と平均性において明らかにされた。

362　存在論的な解釈の失敗の根源

日常的な現存在は、世人《ひと》というもっとも身近な存在様式を分析することで、みずからの存在の前存在論的な解釈を行うのである。存在論的な解釈では、さしあたりはこうした［前存在論的な］解釈傾向にしたがいながらも、現存在を世界のほうから理解し、それを世界内部的な存在者として眼前にみいだす。それだけではない。現存在の「もっとも身近な」存在論にとっては、こうして存在しつつある「主体」が、〈そこに向けて《ダラウフヒン》〉理解しようとする存在の意味も、すでに「世界」のほうから提示されているのである。

しかし現存在がこのように世界に没頭しているために、世界現象そのものは〈飛び越されて〉しまうのであり、その代わりに世界内部的に眼前的に存在するもの、すなわち事物が登場することになる。このようにして現にそこにともに存在している存在

130

者の存在は、眼前的に存在することとして把握されるのである。もっとも身近な日常的な世界内存在という積極的な現象をこのように示すことで、この存在機構の存在論的な解釈がつねに失敗に終わる根本的な理由を洞察できるようになる。この存在機構そのものが、その日常的な存在様式において、これをさしあたり見損ない、隠蔽しているものなのである。

363 本来的な自己存在のありかた

しかし存在論的にはたんなる眼前存在性に近いもののようにみえる日常的な共同相互存在の存在でさえ、すでにこの眼前存在性とは原理的に異なるものであることを考えるならば、本来的な自己《ゼルプスト》の存在は、なおさら眼前存在性として把握することはできないのである。本来的な自己存在は、世人《ひと》というありかたから離脱した主体の例外的な状態ではなく、本質的な実存カテゴリーである世人が、実存的に変様したものなのである。

364　**自己の自同性**

そうだとすると、本来的に実存する自己の自同性《ゼルビッヒカイト》は、体験の多様性のうちでおのれを維持しつづける自我の自己同一性《イッヒ　イデンティテート》とは、存在論的にみて一つの裂け目によって隔てられていることになる。

『存在と時間　3』解説

『存在と時間3』解説 目次

第一部第一篇　第三章　世界の世界性

第一七節　指示とめじるし

この節の課題

この節ではすでに第一五節で提起された「指示」の概念を存在論的にさらに詳細に考察しながら、世界の世界性を明らかにすることを試みる。第一五節では「指示」について、「〈〜のため〉という構造には、何かあるものを別の何かあるもの〈のため〉に指示するということが含まれている」（196。以下では引用箇所を段落の番号で示す）ことが指摘された。そして指示の構造の「存在論的な発生について明らかにする」（同）のはこの第一七節以降にゆだねて、その「指示関係をその多様性において、現象的に眺めておく」（同）作業が、そこでは行われたのだった。そのため第一五節では、道具との交渉が、「〜のため《ウムツー》」という「多様な指示関係に服している」（197）ことが指摘されたにとどまる。

また第一五節では、存在様式《ザインスアルト》と存在構造《ザインスストルクトゥア》が明確に区別して考察されていた。「存在様式」は、ある存在者がどのようなありかたで存在しているかを考察するものである。こうした存在様式としては、すでに手元存在性、眼前存在性、実存性があげられてきた。これにたいして「存在構造」は、たとえば手元存在者がどのような構造において存在しているかを問うものである。手元存在者でみると、道具のような手元存在者は、現存在が手元で使用するという存在様式をそなえているのであり、この手元存在者が構成する道具連関は、「さまざまな指示関係」(214)という構造をそなえている。「道具として使われる手元存在者の存在構造は、さまざまな指示関係によって規定されている」(同)のである。

〈めじるし〉の考察の意図

第一七節の冒頭で、まずこの手元存在者の存在構造が「指示関係によって規定されている」(同)ことが再確認される。この存在者を分析して明らかになったのは「指示《フェアヴァイズング》」という現象」(221)であった。この節ではこの指示という現象について、

〈めじるし〉という観点から考察する。そして次の第一八節では、この指示という現象の構造について、適材適所性という観点から明確にされることになる。この二つの節は、世界の世界性の考察という当面のテーマにとっては、いささか付随的なものである。ハイデガーがこの二つの節を設けて〈めじるし〉とその「存在論的な規定」(238)について考察したのは、道具のうちには、これまで検討してきた欠如というありかたによらずに、世界の世界性を示すことができるものがあるからである。

これまで世界の世界性をあらわにすることができるのは欠如というありかた、とくに道具としての手元存在者が壊れたり、不在であったりする場合であることが指摘されてきた。しかしこの手元存在者の存在構造の全体である道具連関としての世界、すなわちすでに指摘されたような第一の意味での世界があらわになるのは、たんに道具の機能が喪失した場合にかぎられるわけではない。

道具のうちには、それが欠如することによってではなく、存在することによって世界の有意義性の関係を、ありありと示す働きをするものがある。それが道具のうちでも、ある特別な用途をそなえた道具、すなわち指示の役割を担う〈めじるし〉という道具群なのである。

これまで考察されてきた道具は、主として何かを制作するために使われた道具、すなわちハンマーのような工作の道具であったり、皮革のような自然物を素材とした道具であったりした。これらの道具は、その制作という用途のためにふさわしい性質をそなえている必要がある。ハンマーは、手で握って釘の頭を叩けるように、取手がついている必要があり、その取手の先にはある重量をもった固い金属の塊がついている必要がある。ブーツの原料にする皮革は、鞣《なめ》しやすく、入手しやすい動物の皮革であることが望ましい。

叩くための道具であるハンマーを、書類が風で飛ばないように文鎮の代用として使うこともできるだろうが、それはこの道具の本来意図された用途ではない。たしかにハンマーには重さという性質がそなわっているために、文鎮代わりに使用することは可能である。しかしこの用途は、ハンマー本来の用途ではない。

あるいはハンマーをじゃんけんで「グー」を示すものとして使うこともできるだろう。ハサミがチョキ、紙がパーのように決めるわけだ。しかしこれらの用途もまた、ハンマーの本来の用途からは逸脱したものである。ハンマーを「グー」を指し示すために使うということは、ハンマーを〈めじるし〉のような一つの〈記号〉として使うということであり、それは工作道具としてのハンマーの用途としては、想定されていないものである。

さまざまな道具を、その本来の用途とはまったく関係のない意味を示すための記号として用いることは可能である。しかしこうした逸脱した用途としてではなく、本来の用途として、「指し示す」ことを目的とした道具が存在する。それが「めじるし」という道具である。

この「めじるし」という道具は、制作のために使われる道具とは異なり、道具連関において使われるのではなく、道具連関とそれが使われる世界を指し示すという目的をそなえている。〈めじるし〉には、その「〈めじるし〉の構造そのものが、あらゆる存在者一般を〈性格づける〉存在論的な導きの糸となる」(222)ことができるという特別な性格をそなえているのである。

指示するための〈めじるし〉

ハイデガーがこのように「めじるし」について考察しようとするのは、道具連関が一つの指示の構造をそなえていることを別の側面から照らしだすためである。すでに道具は単独では存在しえないこと、つねに他の道具を指し示し、それらの道具連関の全体が、現存在の日常性を構成していることが指摘されてきた。道具連関の構造には、他の道具を「指し示す」という機能が含まれているのである。

この道具連関の指示構造を明確に示すためには、こうした指示をその本来の目的とした道具である〈めじるし〉について考察するのが分かりやすいのである。こうした指示そのものを目的とする道具としては、「道路標識、境界石、船舶の航行のための暴風標識気球、信号、旗、喪章」(223)などがすぐに思いつくだろう。これらは制作することではなく、指し示すことを機能とする道具である。

道路標識は、たとえば「右　山の辺の道」のように、奈良の道筋に立っている石の標識であれば、右の方向に進むと「山の辺の道」に入ることを「指し示している」。境界石の標識は、たとえば川辺に立てられて、その川が県境になっていることを示している。喪章は、それをつけることで、その人が葬儀の関係者であることを指し示している。道路標識に使う石や木は、制作という目的のために自然の素材として使うという通常の用途とは、別の目的で使われている。喪章に使う黒い布も、衣服を作るために使うという通常の用途ではなく、世界で生きる現存在のさまざまな人間関係における位置を指し示すためだけに使われている。

関係づけの概念について

　この〈めじるし〉として使われる道具は、その道具のもつ「さまざまな事象内容や存在様式の違い」(223)とは別に、「あらゆる種類の連関のありかたを〈形式化〉すること」(同)によって、指示の役割をはたしているのである。ハイデガーは、この指示の機能を「形式化」すると、「関係づけ」という概念が生まれることを指摘する。

　この「関係づけ」についてハイデガーは重要な指摘をしている。「指示は、たとえば〈めじるし〉、象徴、表現、意義などのさまざまな〈種〉に分化されるが、この〈関係づけ〉《ベツィーウング》は、それらの種にたいして〈類〉の位置にあるわけではない」(同)というのである。そしてハイデガーは、「関係づけ」とは、道具のもつ「さまざまな事象内容や存在様式の違いを無視して、あらゆる種類の連関のありかたを〈形式化〉することで直ちに読みとれる形式的な規定のことである」(同)と語っているのである。

　さらに次の段落では「関係づけ」には「形式的で普遍的な性格」(224)がそなわっていると語られている。そして「〈関係づけ〉そのものが、その形式的で普遍的な性格のために、指示のうちにその存在論的な源泉をもっていることが、最終的には示されねばならない」（同）というのである。この「関係づけ」をめぐる議論は分かりにくいが、ハイデガーはここで、どのようなことを考えているのだろうか。

この「関係づけ」の問題を考えるためには、ここで語られている「類と種」や「普遍化と形式化」という概念が、フッサールが『イデーン』で提起した重要な概念であったことをふりかえってみる必要がある。ハイデガーはここでフッサールのこの二つの概念に依拠しながら、本書の基本的な手続きについて暗黙のうちに語っているのである。さらにこの概念は、第二五節で登場する「形式的な告示」（317）という重要な概念とも密接に結びつくものである。

類と種の関係

まず「関係づけ」が「めじるし」と「類と種の関係」にはないという指摘の意味から考えよう。類と種の概念は、アリストテレスが明確に規定したカテゴリー的な分類方法である。分かりやすい例で考えよう。桜の木のすべての個体は分類において、バラ科という種に分類される。バラ科は被子植物という類に含まれる種である。階層関係をあがっていくと被子植物という類は、種子植物という類に含まれる一つの種である。種子植物は、植物という類に含まれる一つの種である。植物は生物という類に含まれる一つの種である。これらはすべて類と種の関係において規定されている。この上の類としては、生命をもたないものを含む「事物一般」という概念があるだけだろう。

「めじるし」でこの類と種の関係を調べてみよう。「めじるし」は一つの種として、「道路標識、境界石、船舶の航行のための暴風標識気球、信号、旗、喪章など」(223)を含む。これらの個別の種類のものにとって「めじるし」という概念は、類の位置にある。この「めじるし」はしかし「指示の一種」であり、「指示」は「めじるし」という種の概念にたいして類の位置にある。指示、「めじるし」、旗は、類と種の系列関係のうちにあると言えるだろう。

ここで働いているのは、「類的な普遍化」と呼べる抽象の営みである。「めじるし」は一つの種としては、普遍化して指示という類のうちに含めることができる。この普遍化の特徴は、それが概念の内容に基づいていることである。桜とは何かという問いに、それはバラ科の樹木であると答え、樹木とは何かという問いにそれは植物であると答え、植物とは何かという問いに、それは生物であると答えている。この類的な普遍化は、それが「何であるか」という本質あるいは内容を問う観点から行われているのである。

形式化の方法

ところがある概念を規定する際に、このような「類的な普遍化」とは違う方法を採用することもできる。それが「形式化」という方法である。この違いを指摘したのがフッサールである。フッサールは『イデーン』の第一巻第一篇第一章第一三節「類的普遍化と形式化」で、類的な普遍化と明確に異なる「形式化」の概念を提起した。これはあるものをその本質（事象内容）からではなく、「論理的に形式的なものへと普遍化する」[1]ことによって行われる。フッサールの挙げた例では、「空間から〈ユークリッド多様体〉へと移行することは、類的普遍化ではなく、一つの〈形式的〉普遍化なのである」[2]ということになる。

そしてフッサールは「類的な普遍化」が適用される対象の領域的本質についての考察を「領域的な存在論」あるいは「質料的存在論」と呼び、「対象一般という形式的本質」[3]についての考察を「形式的存在論」と呼んだ。「形式的存在論は、質料的存在論に対し、その質料的存在論すべてに共通の形式的構成を指定する」[4]のである。

〈めじるし〉の形式化

ハイデガーはここでの〈めじるし〉の考察を、このフッサールの普遍化と形式化の区別、「領域的存在論」と「形式的存在論」の区別に基づいて行っているのである。〈めじるし〉を類と種差によって、旗と指示のように分類するのではなく、その「事象内容の存在様式の違いを無視して」普遍化すると、そこから「関係づけ」という概念がえられることになる。

この関係づけという規定は、「めじるし」や「指示」の概念を「普遍的な関係様式に形式化する」(222)ことによってえられたものである。この形式的な性格は、〈めじるし〉と指示の間の種と類の関係とは別の形式的な普遍化によって生まれたものであり、ハイデガーが「〈関係づけ〉《ベツィーウング》は、それらの種にたいして〈類〉の位置にあるわけではない」(223)と語るのはそのためである。

「めじるし」は指示する道具であり、「指示」の概念とのあいだには類と種の関係が成立する。しかし「関係づけ」や「表示すること」は、こうした指示の道具をその内容からではなく、その機能という形式から考察したものである。だから「関係づけ」や「表示すること」は、指示する道具と類と種の関係にあるものではない。それは「形式的で普遍的な性格」（224）を取りだすことで作られた概念なのである。

そのため「めじるし」について「関係づけ」という規定をしても、「めじるし」とは何かを規定するには「何の役にも立たない」（同）のである。むしろ〈めじるし〉という言葉の使われかたを、「普遍的な関係様式に形式化」（222）することで、「〈めじるし〉の構造そのものが、あらゆる存在者一般を〈性格づける〉存在論的な導きの糸となる」（同）ことが期待できるのである。ここで問われているのは、指示や〈めじるし〉という概念を形式化することで、道具連関のもつ構造を解明することである。

道具連関の指示構造

ハイデガーがこのように形式化について考察しようとするのは、道具連関が一つの指示の構造をそなえていることを、別の側面から照らしだそうとするためである。すでに道具は単独では存在しえないこと、つねに他の道具を指し示し、それらの道具連関の全体が、現存在の日常性を構成していることが指摘されている。この道具連関の指示構造を明確に示すためには、こうした指示をそのほんらいの目的とした道具である〈めじるし〉について、その「存在論的な源泉」(224)から考察する必要があるのである。

ハイデガーはこうした〈めじるし〉の模範的な実例として、かつて自動車につけられていた方向指示器をあげている。こうした道具について考察することで、道具連関の指示構造の特徴を明らかにすることを試みるのである。

方向指示器の表示機能

現在では自動車には電気的に方向を示すウィンカーが使われているが、昔は自動車には曲がる方向を示すために、機械的に作動する矢印の形の方向指示器が装備されていた。右折するときには右側に、左折するときには左側に、赤い矢印の形をしたものが提示されるのである。

この旧式な方向指示器が「模範的な」〈めじるし〉であるのは、二つの重要な特徴によってである。第一は、この〈めじるし〉は、自動車の運転のために本質的に必要なものではなく、それが自動車がこれから移動しようとする方向を「表示する」という目的のためだけに使われている道具であることである。後に農村で南風が〈めじるし〉として使われる例があげられるが、これは道具ではなく、自然の兆候のようなものであるので、道具連関の指示構造を考察するには、あまり適切な例ではないかもしれない。しかし自動車の方向指示器は、たしかに道具連関の中で、自動車という道具を路上で適切に使用するためには役立つ〈めじるし〉の道具なのである。

この方向指示器は、すでに確認したように「表示する」という目的のためだけに使われるものであり、この道具は自動車という大きな道具を使う道具連関の中で、特別な意味をそなえている。すべての道具は道具連関のうちに含まれることで指示関係のうちにある。壁に棚を吊ろうとして木材を釘で壁にうちつけようとする際には、ハンマーは木材と釘と壁を指示する。しかしこの指示関係は、ハンマーとしての道具に有用性がそなわっている限りで、その有用性に基づいて生まれる。この有用性は、「道具としての道具にそなわっている存在論的でカテゴリー的な規定である」（227）のである。

これにたいして方向指示器は、こうした道具連関のうちで移動手段としての自動車の本質的な機能をはたすために有用であるのではなく、それが取りつけられた自動車という道具が、これから進もうとする方向を表示するという目的だけに有用である。それがたとえばハンドルやタイヤなど、その道具の本来の有用性において真価を発揮する道具との違いである。すでに述べたように、たとえばハンマーをじゃんけんで使用するときのように、それを叩くという有用性の目的ではなく、「グー」を示すという表示の目的で使用することは可能である。しかしこの表示の目的での機能は、「道具機構そのものからみると偶然的なもの」(227)にすぎない。この例からも、「有用性としての指示と表示としての指示の違いはほぼ明らか」(同)だろう。

ハンマーは本来はそのもともとの目的に適った有用性によって道具として使われ、道具連関のうちでのみ釘や板切れなどの他の道具を「指示する」という機能をそなえている。これにたいして方向指示器は、表示するという指示の機能をそもそも目指したものなのである。

この方向指示器という道具の第二の特徴は、それがハンマーとは違って、その道具を操作する本人だけではなく、その道具が含まれる大きな環境のうちに存在する他の人々にも指示を与え、他の人々もまた、それを利用できることにある。その自動車が右折するか左折するかということは、道路を歩行している人々や、同じ道路で運転している他の自動車などの乗り物の運転者にも、重要な情報を与える。他の自動車は、右折しようとするその自動車を避けて、その左側を通行しようとするだろうし、歩行者は「道路の適切な側に避けたり、立ちどまったりする」(226)だろう。

もしも歩行者が方向指示器の赤い矢印を目にしても、それをたんなる赤い矢印として見るのであれば、あるいは矢印の指す方向を眺めただけであれば、歩行者は方向指示器の表示するものを真の意味で「把握した」ことにはならない。歩行者はその表示するものの「意味すること」を理解し、「〈身を避けること〉あるいは〈立ちどまること〉」(228)のような適切な行動をとらなければ、その意味を「把握した」ことにはならない。歩行者はその道具が指示することにしたがって、「目配り」をすることが求められるのである。

〈めじるし〉という道具の存在論的な意味

このように、たとえばハンマーが仕事場という道具連関のうちでもつ「指示」と、方向指示器が自動車という道具連関のうちでもつ「指示」には、重要な違いがある。すでに考察してきたように、ハンマーは仕事場という道具連関において、その道具としての本来の機能をはたすことで、道具連関の全体を指示する。ハンマーはこの道具の存在者的な構造のために、「有用性としての指示」(227) の機能をはたしている。ハンマーは道具機構におけるその有用性によって、そのハンマーが使われる釘や板切れなど、道具連関の他の道具もまた指示している。しかしそれはいわば道具そのものであって、指示することを目指す道具ではない。

これにたいして方向指示器は、それだけでは道具としての機能をはたすことができない。それは「表示としての指示」(同) の機能をはたしている。この道具は、他の人々にその自動車がこれから進む方向を表示することを機能としているのである。それはいわば自動車という道具の道具であり、自動車を使う運転者や、その他の道路使用者のふるまいのために役立つ道具である。この道具は現存在という「世界内存在に向けられている」(228) 道具なのであり、いわば「存在論的な」意味をもつ道具ということができよう。

方向指示器は、自動車が進む方向を示すための用途において、現存のために「〜の役をはたす」という意味での指示の機能をそなえている。これは「道具としての、道具にそなわっている存在論的でカテゴリー的な規定」(227) である。これはほんらいの意味で指示するものであり、ほんらいの意味での〈めじるし〉なのである。

この〈めじるし〉が存在論的な機能をそなえているのは、この道具は道具連関の中に道具として存在するだけではなく、その環境のうちに存在する現存在にたいして、特定の行動を促すためである。現存在はハンマーを目にすれば、あるいはなすべき仕事のことを思いだすかもしれないが、それを見たというだけで、何らかの行動を起こすことは、ふつうはないだろう。しかし道路で自動車の方向指示器のサインをみたときには、他の人々はそれにふさわしい行動をとることが求められる。現存在は「表示する道具《ツァイクツォイク》と適切な形で交渉する」（228）必要があるのである。

〈めじるし〉の時間性格

ハイデガーはここでは明示的には語っていないが、こうした〈めじるし〉の機能について、〈めじるし〉が引き起こす行動について、その「世界適合性」（229）を、時間との関係から分類することができるだろう。というのも、〈めじるし〉は道具連関を指し示すたんなる道具ではなく、現存在と世界との関係に依拠しているからである。〈めじるし〉はそのため、現存在と世界との時間性と密接に関連しているはずである。

ハイデガーはすでに〈めじるし〉をその機能から分類すると、「兆候《アンツァイヒェン》、前兆《フォアツァイヒェン》、形跡《リュックツァイヒェン》、標識《メルクツァイヒェン》、特徴《ケンツァイヒェン》」(225)があることを指摘していた。〈めじるし〉のこれらの機能に基づいて、世界に生きる現存在と〈めじるし〉との時間的な関係を考えることができる。まず兆候と前兆は「〈やがてやってくる〉ものが〈みずからを告げる〉」(229)役割をはたす。これは現存在にとってはこれから訪れる時における事柄を示すものである。形跡は、そこで「何が起きていたか、何が演じられたか」(同)を示すという意味で、過ぎ去った時間を指している。特徴や標識は、「そのつど何を〈心がけておく〉べきか、〈その何を《ヴォラン》〉を示している」(同)。これらは現存在が今の時点において配慮すべきものを示していると考えることができる。

これを現存在と世界との関係で考えるならば、標識や特徴は、「わたしたちが〈そのうちで《ヴォリン》〉生きている」(同)世界との今の時点の関係を、兆候や前兆は「配慮的な気遣いが〈そのもとに《ヴォバイ》〉とどまるところ」(同)において、世界とのこれからの関係を、そして形跡は、世界がすでに存立している「〈適材適所性《ベヴァントニス》〉」(同)を示していると考えることができるだろう。

ハイデガーが挙げた具体的な実例で考えてみよう。船舶の航行のための暴風標識気球の役割は、これから現存在に訪れようとする嵐の兆候あるいは前兆を示すことにあるだろう。道路に死者のために手向けられた花は、かつてある現存在が交通事故にあって亡くなった死の場所の形跡を示すものと考えることができよう（もちろん哀悼のしるしであることが主な機能である）。隣の畑との間に置かれている境界石は、かつての境界争いの形跡であるだろう。また一方通行の道路標識は、今においてその道を一つの方向だけにしか通行すべきでないことを示す標識だろうし、信号や旗は、その示すところにしたがって今行動すべき合図である。また喪章は葬儀にかかわっている人の特徴を示すものと考えることができるだろう。この問題はいずれ第六九節で、道具にたいする配慮の時間性を考察するところで、さらに詳細に考察されることになる。

〈めじるし〉の三つの特徴

〈めじるし〉はこのように、道具連関のうちにありながら、それが通常使われる用途では使われない道具という特別な性格をもつ。ハンマーがハンマーの本来の用途で有用性を目指して使われるならば、それは〈めじるし〉のように目立つことはなく、気づかれることもないだろう。

これにたいしてハンマーが本来の用途で使われないとき、たとえばかつてのソ連の国旗に描かれたハンマーのように象徴として使われるときには、それは〈めじるし〉という役割をはたす。それは道具としての有用性をはたすのではなく、その国に生きる現存在にたいして、その生きる世界を告げ知らせる。

こうした〈めじるし〉の機能について、ハイデガーは次のような三つの特徴があることを指摘している。第一に、〈めじるし〉は通常の道具とは異なる「存在論的な構造」（226）をそなえている。そのことによって〈めじるし〉は現存在をその「手元存在者を出会わせる」（229）役割をはたす。この〈めじるし〉によって現存在は、「さまざまな手元存在者の連関を理解させるもの」（同）になるのである。このように〈めじるし〉の第一の機能は、現存在に手元存在者の世界の連関を指し示すことである。方向指示器は、交通に使われるすべての道具の作りだす世界をわたしたちに教えている。〈めじるし〉は第一義的には、「わたしたちが〈そのうちで《ヴォリン》〉生きているところ」（同）を示すのである。

第二に〈めじるし〉は、こうした手元存在者の世界のありかたを現存在に理解させる。〈めじるし〉は現存在に、「道具の全体を明示的に〈目配り〉にもたらす」（同）す役割をはたすのであり、これによって「その手元存在者の世界適合性が告げられる」（同）のである。現存在は〈めじるし〉によって手元存在者の世界そのものを認識するだけではない。〈めじるし〉の第二の機能は、現存在に手元存在者のその世界適合性を自覚させることにある。〈めじるし〉は、現存在の「配慮的な気遣いが〈そのもとに《ヴォバイ》〉とどまるところ」（同）を示すのである。方向指示器は、交通の道具の全体のうちで使われる手元存在者としての自動車にたいして、現存在がどのように配慮すべきかを示すのである。

第三に、現存在は〈めじるし〉によって、手元存在者の世界の連関と、その世界適合性を認識するだけではなく、さまざまな道具がその道具世界のうちで適切な場所に配置されていることを認識する。方向指示器は、道路や標識を含む交通の体系のうちで、その自動車のはたすべき役割と、その役割を実現するために現存在がふるまうべき行動を同時に示している。〈めじるし〉の第三の機能は、現存在にとって手元存在者が「いかなる〈適材適所性《ベヴァントニス》〉があるか」（同）を示すことにある。

〈めじるし〉を定めること

このように〈めじるし〉は道具の世界のうちで特有な役割をはたしているが、この〈めじるし〉は自然に生まれたものではなく、人間が指示の役割をはたさせるために作りだしたものである。しかしすべての〈めじるし〉が、方向指示器のように、特定の目的のために「作成された」わけではない。〈めじるし〉のうちには、自然のうちにある特徴を「発見する」こと、そしてそれを〈めじるし〉として「定める」ことによって作られたものもある。この〈めじるし〉を作る方法には、「たんに〈めじるし〉として受け取ることと、〈めじるし〉となる事物を作成することを区別する必要がある」[5]のである。

〈めじるし〉の発見

まずめじるしを「発見する」ことから考えよう。季節によって向きを変える風は、農耕にとって非常に重要な役割をはたすために、それぞれの地方で風に特有の名前が与えられていることが多い。たとえば北アフリカから地中海をわたってヨーロッパに吹いてくる風は、シロッコと呼ばれる。雨を伴うことの多い南風である。農村地帯ではこの風は「雨の降る前触れの〈めじるし〉として〈通用している〉」(231)だろう。南イタリアでは春に吹く風であり、アドリア海の北では三月から七月にかけて吹く風で、いずれも農耕作業の重要な〈めじるし〉となる風でもある。

あるいは日本の富山県と長野県にまたがる白馬岳では、春になると頂上近くに白い馬の形に雪が溶け残る。麓からこの白馬が見えるようになると、人々は種蒔きの季節がきたと語りあいながら、農耕のための準備作業を始めるのである。

これらの〈めじるし〉はふつうの意味での道具ではないし、他の道具と直接の道具連関を構成しているわけではない。しかしこの〈めじるし〉は現存在がそれに対応して、農作業を始める合図になるという意味では、鍬や鋤などの耕作用の農具と間接的な道具連関をなしているのである。

これらの〈めじるし〉は、人間が新たに「作成した」ものではないが、人々がその特徴を捉えて、長年にわたって言い伝えてきたものである。人々がその地域で農業活動をつづけてきたことによって、こうした営みのうちで働かされる〈目配り〉によって、「初めて露呈させることができる」(同)ものであり、その意味で、いわば「発見された」ものであり、新たに「作られた」ものである。

こうした南風や、山頂の白い馬の形の残雪はたしかに、それが〈めじるし〉であることが発見される前から存在していたものであるが、それが発見されるまでは、それはたんなる風として、たんなる残雪として受け取られていただけに違いない。「それがたんに眼の前に現れる事物として知られていたか、それともまだ［その用途が］理解されていない道具として」（232）存在していたので、「〈目配り〉のまなざしにとって〈覆われていた〉」（同）に違いないのである。それが現存在の配慮的な気遣いによる〈目配り〉によって、やがてひとつの〈めじるし〉として、農耕を始める合図として了解されるようになったのである。

この〈めじるし〉がたとえば自動車の方向指示器とはかなり異なる性格のものであることは明らかだろう。自動車の方向指示器は、世界のうちで人々が自動車という道具を使うために必要な補助手段であり、ドライバーはこれを操作することで、後続の自動車や前方から来る自動車に合図するとともに、歩道を歩いていて、道路を横断しようとしている歩行者にも、自動車が右折あるいは左折をしようとしていることを告げて、注意を促すのである。

しかしこの南風や白馬は、人間が作りだしたものではないし、人間が操作するものでもない。他者に自分のこれから行おうとする行為を告げるものでもない。それでも季節ごとの農作業を開始する時期が訪れたことを、その共同体の全員が把握するための合図となるものである。それは世界における現存在の行動を促す合図であり、これによって現存在は世界内存在としてのありかたを十全に満たしてゆくのである。この〈めじるし〉はたんなる道具連関のうちの一つの道具であるよりも、世界における現存在のふるまいを決定し、現存在の特定の行動を開始させるという意味で、さまざまな道具連関が使われ始めるためのきっかけとなるものである。

これらの〈めじるし〉は自然の現象であり、だれもが気づく性質のものでありながら、それが〈めじるし〉として発見され、確立されるまでは、だれも気にもかけなかったものであろう。それがひとたび〈めじるし〉としての地位を確保するとともに、農作業を始める合図として、人々が配慮する現象となるのである。

この自然現象は、かつては「目立たない」ありきたりのものであったが、世界における現存在がそれを〈めじるし〉として「発見」したことによって、きわめて「目立つという性格」(230)をそなえるようになったのである。

〈めじるし〉の作成――ハンカチの結び目

このように、〈めじるし〉であるものは、「目立つ」ものであることによって、その本来の機能をはたすことができるようになる。これまで考察してきた作られた道具の一例である自動車の方向指示器は、赤い矢印という目立つ色と形を採用し、現代のウィンカーも点滅する赤のライトでその方向を目立つ形で表示する。人間が作る〈めじるし〉はこのように目立つものである必要があるが、そのためには特別な道具が必要なわけではない。「目立つという性格」(230)をそなえているものであれば、どんなものでも利用できるのである。

ハイデガーはそうした〈めじるし〉の実例として、「ハンカチの結び目」(233)をあげている。これは人がある約束を忘れないようにするための〈めじるし〉である。そもそも「身近に手元的に存在するものに本来そなわる〈目立たなさ〉」(同)という性格をそなえていたハンカチが、〈めじるし〉としての役割を担うことで、「みずからの〈目立つありかた〉をひきだしてくる」(同)のである。

通常の道具は、その本来の目的のために考案されている。ハンマーは叩くため、ハンカチは手を拭くために用意された道具である。しかし〈めじるし〉とされる場合にはそのハンカチは、その本来の目的のために使われていない。その本来の用途から逸脱して〈めじるし〉とされたのである。そのとき、ハンカチはその手元存在性を剝奪されて、〈めじるし〉としての役割を担うようになる。

しかし問題なのは、方向指示器のような専用の道具は、その本来の機能が明確に規定されており、誰がみても一目で理解できるものであるのにたいして、このハンカチの結び目の合図は、その手元存在者としての性格に依拠せず、その本来の用途から逸脱しているために、いかなる本来の用途も、もたなくなっていることである。ということは、このハンカチの結び目の合図は、どのような用途にでも使えるということである。この〈めじるし〉はきわめて汎用性が高いのである。

しかしこの汎用性の高さにはその欠点もある。この〈めじるし〉は多くの場合、ある約束を忘れないようにすることだけを指示している。その約束がたとえば帰りがけにスーパーで食パンを買ってくるという約束なのか、クリーニング店に立ち寄って仕上がったドレスを受けとってくるという約束なのか、いかなる規定もないのである。それはただ約束したことを実行することを促すだけである。この〈めじるし〉は、「〈それを定めた人〉だけが、それを手元にあるものとして利用できるだけである。ときにはそれを定めた人にも意味が分からなくなることがある」(233)ために、その約束が何であったかを示すために「別の〈めじるし〉が必要になる」(同)こともあるほどである。それでもそのことでハンカチの結び目が〈めじるし〉としての性格を失うことはない。かえってそのために、「〈催促がましさ〉を獲得し、人の落ち着きを奪う」(同)ようになるのである。

フェティシズムと〈めじるし〉の違い

ハイデガーは、この〈めじるし〉という「道具の道具」が、たんなる道具とは違って、「世界を了解するために傑出した役割をはたしている」(234)ことを確認する。そして未開社会での物神的《フェティッシュ》な現象と呪術も、〈めじるし〉の現象から理解できる可能性があることを指摘する。[6] ただしそうした現象には、現代社会での〈めじるし〉の現象の分析をそのままでは適用できないことに注意が必要である。その理由として、未開社会では眼前存在と手元存在の区別が明確に行われておらず、「〈めじるし〉が表示する事物から、〈めじるし〉がまだ遊離していない」(同)ままに、それらが一体化していることが挙げられる。

たとえば、トーテムという制度を考えてみよう。この制度では、その部族の神として、動物を選ぶことが多い――たとえば鷹であり、鷲である。これは聖なる動物として尊敬され、食べることが禁じられている。トーテムポールに描かれたこの鷹の像は、その部族の祖先とのつながりのあるものとされており、共同体的な血縁を示す象徴としての役割をはたしていると同時に、その部族にとって神聖な存在を示すものである。ここに、物を神とするフェティシズムが成立しているのは明らかである。

このトーテムを示す記号としてのトーテムポールは、部族の血縁を示す合図としては〈めじるし〉という性格をおびており、そうしたものとして、道具という手元存在者の性格をそなえているが、それと同時に、食べてはならない動物を表示するものとして、そのままで神聖なものとしての性格をおびているのである。こうした「〈めじるし〉はそれが表示されたものと一体になってしま」（同）っているのである。こうした〈めじるし〉は道具であると同時に、神聖なものであるという両義的な性格をそなえているのであり、道具の全体が作りだす世界の適材適所性という観点から分析するにはそぐわないのである。

〈めじるし〉と指示の三つの関係

この節の最後でハイデガーが指摘するように、この〈めじるし〉と指示については、次のような三つの関係が重なりあって成立している。

第一は、すでに指摘されたように、指示することには有用性としての指示と表示としての指示という二重の性格があることである。有用性は、その道具がほんらい何の目的のために作られたかという〈何のために《ヴォツー》〉に依拠している。これはその道具が何のために存在するかという存在者的な性格が具体化されたものである。そして道具連関は全体として、この有用性が連鎖して作られる道具構造一般を、現存在が道具を使いながら生きる世界の「〈そのうちで《ヴォリン》〉」(229)を示す。この道具連関のうちに、表示を目的とした〈めじるし〉が作られる。これはヴォツーの全体の構造としての目的構造(ウムツー)における指示の役割に依拠したものである。

第二に、〈めじるし〉の役割は「表示としての指示」(227)を遂行することであり、これは手元的な存在者が一つの道具として担うものである。たとえば自動車の方向指示器では、この〈めじるし〉の道具としての性格は、指示連関から生まれるものである。〈めじるし〉は現存在の配慮的な気遣いが行われる「〈そのもとに《ヴォバイ》〉」(229)を一挙に示す役割をはたす。

第三に、〈めじるし〉は一つの道具としての手元存在としての性格で存在しているが、これは同時に、「手元存在性、指示全体性および世界性の存在論的な構造を告げ知らせる役割をはたしている」(235)のである。これによって現存在は〈目配り〉のまなざしで世界を理解できるようになる。〈めじるし〉は道具の全体の世界と現存在の配慮のまなざしとの関係を凝縮する「〈適材適所性《ベヴァントニス》〉」(229)を浮かび上がらせるのである。

〈めじるし〉のこの三つの性格から、次の問いが生まれてくる。指示は手元存在性を構成するものであるが、それ自体は手元存在ではなく、手元存在者の「存在論的な〈前提〉」(235)である。それはどういうことか。また指示は手元存在の存在論的な基礎となるが、それが「どのようにして世界性一般を構成する」(同)のだろうか。次の節ではこれらの問いを手掛かりにして、世界の世界性一般を考察することになる。

第一八節　適材適所性と有意義性、世界の世界性

用語の整理

この節でハイデガーは、これまで説明なしに使われていた二つの重要な術語について、詳しく考察する——適材適所性と有意義性である。この二つの用語はハイデガーが世界の世界性を説明するために重視している用語であり、これに関連して多くの新たな造語が行われている。ここではそれらの用語を整理しながら、考察してみよう。

まず適材適所性《ベヴァントニス》という用語であるが、この名詞はふつうは辞書では「事態、状況」と訳されている語で、世界のありかたを示す語である。この語は形容詞ベヴァントの名詞形であるが、この形容詞も「事態の」とか「状況の」という意味である。この形容詞は、動詞ベヴェンデンから生まれるものであり、この動詞をエトヴァス・ベヴェンデン・ラッセンという熟語で使うと「〜でがまんする」とか「〜で許す」という意味になる。

この熟語の特徴は、「〜で」のところを、「ミット・エトヴァス」あるいは「バイ・

エトヴァス」の形で使うことである。「ミット」は通常は、「〜とともに」や「〜によって」の意味であるから、ある手段を指し示すことが多い。「バイ」はふつうは「〜のところで」や「〜において」の意味であるから、それを行う場所を示すことが多い。

この構文を使うと、道具はつねに「そのものをもって、あるもののもとで、（バイ）」（237）、適材適所をえていると考えることができる。この語は、道具そのものとそれを使う場所の双方を示すのに適した語なのである。ハイデガーは、「適材適所という言葉には、〈あるものをもって〔適材〕、あるもののもとに適所をえさせる〉という意味がある」（同）と指摘する。この「〜をもって《ミット》、〜のもとで《バイ》」という結びつきこそが、指示によって示されているものである（この語は「適所性」のように訳されることが多いが、道具とそれが使われる場という二項の関係をつねにそなえているものであるために、長くなるがあえて「適材適所性」という訳語を使用する）。

ハンマーは、たとえば釘の頭を叩くときに使う道具である。釘の頭を叩くという目的を実現する場合（バイ）には、ハンマーという道具によって（ミット）作業するのがふさわしい状況《ベヴァントニス》なのである。この道具の道具性は、世界においてどのような道具連関で（この場合には大工道具という道具連関で）、どのような作業の際に（バイ）、どのような道具によって（ミット）、釘の頭を叩くかということのうちに体現されているのである。この道具連関では、釘の頭を叩くという用途（適所）にふさわしいものとして、ハンマーという道具（適材）が、指示されているのである。

適材適所性と目的連関

このハンマーのもつ適材適所性はこのように、適材としての「何を」、適所としての「どこで」使うかという二つの要素が組み合わされているものであるが、この適材適所性はすでに考察してきたように、道具連関の背後にある目的連関によって規定されている。ある目的のもとでこそ、道具の適材適所性があらわになる。

ところで目的連関は、当座の目的を示す「何のために《ヴォツー》」という概念と、その作業の本来の目的を示す「そのため《ウムヴィレン》」という概念の二つの要素で示されることが多い。ヴォツーは有用性の用途としての「何のために」である。ハンマーは「何のために」あるかといえば、何かを叩くためにである。ハンマーはたとえば釘の頭を叩くための道具である。この何かを叩くためというのは、ハンマーを使う当座の目的である。このハンマーが使われる当座の目的には、その背後に本来の目的がある。それを示すのが「そのため《ウムヴィレン》」であり、この本来の目的はたとえば本棚を作るためである。

ただしこの当座の目的の背後にある本来の目的を指す「そのため《ウムヴィレン》」は、さらに大きな目的連関のうちにある。作業をしている人に、本棚を作るのは何のためかと尋ねたら、本を整理するためだと答えるだろう。本を本棚に整理するのは何のためかと尋ねたら、住居を整頓し、家を住みやすくするためだと答えるだろう。ただし家を住みやすくするのは何のためかと尋ねたら、問い掛けた人は睨まれるかもしれない。それは問うまでもない当たり前のことであり、ここで目的連関は最後の答えに差し掛かっているのである。ハイデガーはこの最後の答えとなる目的のことを、「〈そのための目的《ヴォルムヴィレン》〉」(238)という用語で示す(このヴォルムヴィレンと、その後のヴォラウフヒンの考察は少し細かくなるので、大筋をつかみたい読者は、これらについての説明は読み飛ばされたい)。

ヴォルムヴィレン

この〈そのための目的《ヴォルムヴィレン》〉は、道具が使われる目的の連関には、一つの究極的な目的があることを示すものである。アリストテレスは『ニコマコス倫理学』において、人間のすべての行為には、一つの究極の目的があること、そしてこの究極的な目的は幸福であることを指摘していた。

ハンマーは本棚を作るため、本棚は本を整理するため、本を整理するのは住みやすくするためである。そして目的連関の問いはここで停止する。住みやすくすることそのものが目的なのである。この究極の目的を概念的に表現するならば、アリストテレスにならって「幸福に生きること」と言うことができるだろう。

「幸福こそは、究極的で自足的なあるものであり、われわれの行うところのあらゆることがらの目的であるとみられる」(1)のである。これが人間のすべての行為が目指す究極の「そのため」なのであり、それ以上さらに目的を問うことには意味がないのである。アリストテレスは制作についても同じことを指摘する。「あらゆる制作者は何ものかのために作る。すなわちわれわれの制作するところのものは無条件的な意味における目的(テロス・ハプロース)ではない。かえってそれは何ごとかへの関係(プロス・ティ)においての、また何者かにとっての(プロス・ティノス)目的であるにすぎない(2)」。

アリストテレスはこの「無条件的な意味における目的」（テロス・ハプロース）を別のところで、「そのためのそれ（フ・ヘネカ）」と言い換えている。「実践の端緒《アルケー》は、運動の始源という意味でのアルケーであり、目的という意味におけるアルケーではない、それは選択である」[3]という文で、「目的」と訳されている語は原語ではフ・ヘネカ（そのためのそれ）と書かれている。

ハイデガーは一九二四年から一九二五年にかけての冬学期の講義で、プラトンの『ソフィスト』を詳細に分析したが、この講義で、アリストテレスのこの「テロス・ハプロース」と「フ・ヘネカ」を、ドイツ語で「ヴォルムヴィレン」と言い換えている。「実践的な知《フロネーシス》の目的《テロス》は端的な目的（テロス・ハプロース）であり、そのためのそれ（フ・ヘネカ）であり、そのための目的（ヴォルムヴィレン）である。現存在がフ・ヘネカとして、ヴォルムヴィレンとして露呈されているかぎり、そのためにあり、そしてそのつどそのために配慮されるべきものそのものが、あらかじめ描きだされている」[4]。このヴォルムヴィレン（そのための目的）というドイツ語は、ギリシア語のフ・ヘネカ（そのためのそれ）をそのまま訳した語なのである[5]。ハイデガーがこの「ヴォルムヴィレン」のように、ドイツ語としてもきわめて馴染みにくい概念を使うのは、古代ギリシアの哲学における存在への問いと現存在分析との結びつきを保つためだと考えられる。

この究極の目的をアリストテレスは「幸福」という言葉で示したが、ハイデガーはそれを存在論的に現存在であると表現する。ハンマーで大工仕事をして住宅を建設する場合にも同じことが言える。住宅は何のためにあるか、それは「雨風から「住人を」守るため」(238)という適材適所性によってである。人々を雨風から守るのは何のために行われるかというと、それは現存在が宿泊するため(ウムヴィレン)である。現存在が宿泊するのは何のために行われるかと問えば、それは「現存在の存在の可能性を守る〈そのため《ウムヴィレン》〉」(同)である。そして現存在の存在の可能性を守るのはなぜか尋ねようとしても、もはやその先に答えるべきことはない。現存在が幸福に存在しうること、それはアリストテレスが指摘したように、究極の目的であるからだ。

これが目的連関の究極の答えである。たしかにこの目的連関にはそれに先立つさまざまな目的の段階がある。そしてそれぞれの目的の段階において、道具がそなえている適材適所性は、その目的に「〈先立って〉」(同)見定められている。本棚を作るためには、ハンマーと木材と釘が必要であり、それぞれの道具の適材適所性は、その目的を遂行する以前から確認されている。「ある手元存在者にどのような適材適所性があるかということは、適材適所性の全体によってつねにあらかじめ素描されている」(同)のである。

しかしこの究極の目的である現存在の幸福には、もはや適材適所性というものはない。現存在の幸福はいかなるものの手段にもならない究極の目的だからである。適材適所性はつねに手段としての目的にかかわるのであり、現存在の幸福はもはや手段としての目的ではなく、目的としての目的だからである。この究極の目的をハイデガーは、ヴォツーの究極の目的としてアリストテレスが「無条件的な意味における目的」とか「そのためのそれ」の言葉で語ったものを、ヴォルムヴィレンと呼ぶのである。「現存在は本来的で唯一の〈そのための目的《ヴォルムヴィレン》〉なのである」(同)。

「開けわたされること」

この適材適所性と究極の目的である「そのための目的」(ヴォルムヴィレン)の概念に関連して、ハイデガーが特別な意味を含めて使う用語として「〈開《あ》けわたされる〉こと」(フライガーベ)(239)という言葉がある。フライガーベという言葉は動詞フライゲーベンの名詞形であり、この動詞はあるものを拘束から解放する、釈放する、自由にする、または占有していたものを返還する、引き渡す、何かの使用を許可するなどの意味で使われる。

ハイデガーはここで何を「開《あ》けわたす」と考えているのだろうか。第一八節の最初の段落で手元存在者について、「それを考慮にいれて配慮的に気遣う〈目配り〉のまなざしにとっては、世界内部的に出会うものはその存在において〈開《あ》けわたされている〉ということである」(236)ことが指摘された上で、この言葉に関連して、二つの問いが提起されていた。第一の問いは、「この先行的に〈開けわたされている〉というのはどういうことだろうか」(同)という問いであり、第二の問いは、「この〈開けわたされている〉ことが、存在論的に世界の特徴として理解できるのはどうしてだろうか」(同)という問いであった。

さらにこの〈開けわたされている〉ことに関連して、世界性についての第三の問いが提起される。「世界の世界性への問いによって、わたしたちはどのような問題に直面するのだろうか」(同)という問いである。この「世界の世界性」という概念は、〈開けわたされている〉ことと結びつけて唐突に問われている。以下ではこれらの三つの問いについて考えてみよう。

「露呈」させるということ

まず「開けわたされていること」にかかわる最初の二つの問いについて考察してみよう。「開けわたされている」ということは、あるものがある目的のために使うことのできるものとして、開かれた場所のうちに解放されることを意味する。ハンマーも木材も釘も、大工道具とともにそれまで納屋に収納されていただろう。それが納屋に収納されている状態では、現存在はそのものの存在を無意識のうちに知っているとしても、そうした道具はたんに納屋にしまわれた道具であり、当面はいかなる用途も目的もそなえていない。

しかし部屋に積み重なる書籍が邪魔になり、どうにか片づけないと生活に差し障りが生じると、現存在が判断したとしよう。そのとき、現存在にとっては、自己の幸福のために、本棚が必要となるだろう。すると現存在は本棚の作成を一つの目的としてみいだすことになるだろう。その目的の「発見」とともに、それまで気にもとめないでいたさまざまなものが、特別な意味をもって意識のうちに登場してくることになる。

納屋にある木材と釘、そしてそれらを組み立てるためのハンマーやノミなどの道具が、意識のうちで「発見」されるのである。

現存在は意識のうちで次々と段階をおって「発見」を重ねていくことに注意しよう。まずたくさんの本が邪魔になっていることに気づき、それを片づけることの必要性が発見される。その必要性を満たす家具として本棚というものの存在が発見される。また、その本棚は購入するか自分で作るかのどちらかの可能性で調達されうることが発見される。そして本棚を自分で作成する可能性が選択される。そこで初めて、納屋にあった木材と釘とハンマーが、その目的を実現するための適切なものであることが発見される。このようなプロセスを経由することで、たんなる大工道具と木材であったにすぎないものが、本棚を作成するための手段として発見され、それと同時に、これらの大工道具と木材の適材適所性が露呈されるのである。

このようにして「発見」された木材とハンマーは、それまで納屋の中で「存在していた」ものであるが、その適材適所性はまだ露呈されていなかったのである。そのためにそれは「存在していなかった」のと同じである。現存在が本棚を作ろうと思った瞬間に、それまで納屋の中に存在していたものの、現存在にとっては存在していなかったにもひとしいこれらの道具と素材は、その適材適所性が露呈されるに先立って、すでに存在していたことが確認される。このように現存在は本棚の作成の可能性を「発見」するとともに、「そのつどすでに〈存在しているもの〉を、その手元的なありかたにおいて露呈させ、このようにして存在する存在者として、出会わせる」（239）ことができるようになったのであり、そのときには現存在はこれらの手段に「〈アプリオリな〉意味で〈適材適所をえさせること〉」（同）が可能となったのである。

これはハンマーと木材が納屋で「存在者的な意味で」（同）、適材適所性をえることができる状態になっていた場合である。これらの手段は手元存在者としてすぐに「開けわたさせる」ことができる状態にあったのである。これにたいして、「存在論的な意味で」（同）考えたときに、これらの手段が手元存在者としてすぐに自由に使えない場合もあるだろう。木材はすでに物置きで別な用途の棚として使われているかもしれない。この木材は現存在にとってさしあたりは「配慮的な気遣いの対象」（同）となっているのであり、手元存在者としてそのままでは「開けわたされる」ようになっていないのである。

しかしこの物置きの棚は当面は無用であることもあるだろう。その場合には、配慮的な気遣いのもとですでにある用途で使われている木材を、新たな手元存在者として使用する可能性が生まれてくる。この木材は存在論的には配慮的な気遣いの対象であるが、存在者的に手元存在者とみなすことも可能なものである。そのとき現存在はこれを物置きから持ち出して、本棚を作るための材料としての手元存在者に変えることを検討することができるだろう。この木材は手元存在者として新たに「露呈」されたのである。そのように新たな可能性が発見された存在者としてこの木材は、「そのまで〈存在〉させず、それを加工したり、改善したり、破棄したりする」(239)ことで、手元存在者として、新たな用途に利用することができるようになったのである。

アプリオリ的な完了

このように、現存在はつねにある対象を、手元存在者として利用することができる。すでに一つの用途において使われている物質も、それに手を加えることで、それまでの拘束された状態から解放し、開けわたさせ、新たな用途を「露呈」させることができるのである。その意味ではすべての物質は、何らかの方法で「開けわたさせる」ことができるものである。

それでもすでに適材適所性をえて現存在が何らかの目的のために使ってしまっている手元的な存在者は、現存在の観点からみると、すでに「アプリオリな意味で」世界の一部を構成しているのである。その意味ではこうした事物は「アプリオリに完了した状態」(240)にある。ただしこれはすべて現存在がそのように手元的な存在者を配置し、利用して、眺めていることによるものであり、この「アプリオリ的な完了」という性格は手元的な存在者についてよりも、世界のうちにつねに「そのつどすでに」という完了形において生きている現存在の存在様式について言われるものである。

ハイデガーはここに長い欄外書き込みをつけて、この「完了」が、「存在者的に過ぎ去ったもののことではなく、そのつどに〈先なるもの〉なのであり、わたしたちは存在者そのものへの問いにおいて、そこに回帰するようにさせられているもののことである」(第一六節の訳注6)と指摘している。その「完了」は、存在者的ではなく、存在論的な意味でみた完了なのである。

三つの問いの確認

「開けわたさせる」ことについての第一の問いは、「この先行的に〈開けわたされている〉というのはどういうことだろうか」（236）という問いだった。本を整理するという現存在の目的の連関のうちで、そのための手段が発見され、「開けわたされる」必要があることはすでに確認してきたとおりである。目的連関をさかのぼりながら、すでに先行的に開けわたされた素材として、現存在が意識することで、これらの素材は適材適所性をみいだすことができるのである。これは手元的な存在者の「存在者的な意味で」（239）の適材適所性が露呈されるという意味である。

第二の問いは、「この〈開けわたされている〉ことが、存在論的に世界の特徴として理解できるのはどうしてだろうか」（236）というものだった。この問いについては、すべての素材は、ある意味では世界のすべてのものは、現存在にとって「開けわたす」ことのできるもの、適材適所性をみいだすことのできるもの、何らかの方法で手元存在者に作り替えることができるものであることが指摘できる。

世界のさまざまな物質は、現存在にとっては原則として手元存在者という性格によって考えることのできる対象であり、すでに適所に配置されているかどうかは問題にならない。現存在からみると、手元存在者が世界のうちでどのような適材適所性を占めているかは、「適材適所性の全体がそのつどあらかじめ露呈されていないかぎり」（241）明らかにされない。それを明らかにすることができるのは、「アプリオリ的な完了」を意識することのできる現存在だけである。これは手元的な存在者の「存在論的な意味」（239）での適材適所性にかかわるのである。

　そして第三の「世界の世界性」という唐突に示された概念は、この〈開けわたされている〉ことについて、第一の問いで考えられた「存在者的な意味」と、第二の問いで考えられた「存在論的な意味」の両方の意味での適材適所性について、現存在の了解能力という観点から考える必要があることを示したものである。次に、この第三の問いについて考えてみよう。

世界の世界性

　この「開けわたすこと」についての考察は、現存在のある能力についての重要な理解をもたらしてくれる。現存在は、世界のすべての事物を、その手元存在性において、適材適所性によって考えることができる。すべての事物は「何のために《ヴォツー》」「何によって《ヴォミット》」「何のもとで《ヴォバイ》」「何として《ヴォフュア》」利用すべきかという構造連関のうちに存在しており、現存在はその適材適所性をこうした構造連関のうちで理解する能力をもつ存在者である。現存在がこうした適材適所性を理解することができるということは、現存在にとって、世界のうちに存在するさまざまな事物という「世界内部的に「現存在が」出会うものが〈開けわたされる〉ところのその場所《ヴォラウフヒン》が、あらかじめ開示されている」(242)ということである。

現存在は、世界内部的な存在者の存在について、その可能性について、あらかじめ了解している。そのように了解しつつ存在していることが、現存在が世界内部的に存在するのではなく、世界内存在として存在するということの意味である。このように〈開けわたされる〉ものと開けわたされる〈ところのその場所《ヴォラウフヒン》〉があらかじめ開示されているということは、「現存在が存在者としてすでにつねにかかわっているその世界を、現存在は理解しているということ」(同)なのである。これがすでに指摘された現存在の「アプリオリ的な完了」という存在様式である。

ここから「世界の世界性」という重要な概念が説明される。現存在はこれら世界のすべての事物を、みずからの目的のために利用することを心得ている。家屋も樹木も都市も、自然の事物を含めた周囲のすべてが、現存在「のために」存在している。すべてのものは現存在という究極の目的、〈そのための目的《ヴォルムヴィレン》〉のために存在している。

そしてすでに現存在のための用途において使われているものもまた、それを作り直して、現存在の別の用途のために利用することができる。世界のうちに世界内部的に存在するすべてのものは、現存在からみると一つの手段であり、適材適所性をそなえているのである。

世界のすべての事物をそのような適材適所性という観点から眺めることができるということは、現存在は世界がどのような存在のありかたをしているかをすでに理解しているということである。現存在の世界内存在のうちには、この世界への理解が含まれているのである。現存在は存在者として、みずから「すでにつねにかかわっているその世界を」（同）理解しているのである。この「理解」の概念については第三一節で詳細に分析されるが、現存在が世界を理解しているということは、世界がすべて現存在の幸福という最終的な目的のために存在しており、そのすべてを適材適所性という観点から眺められることを認識しているということである。

このように理解された世界は、現存在が世界のうちで、自己の幸福という究極の目的のために行動することのできる場であり、この場は複雑で錯綜した適材適所性の連鎖によって構成されている。現存在の身近にある机や椅子は、現存在が座り、ものを書くための道具としてその適材適所をえているのであり、この机や椅子の適材適所は、家屋によって保証されている。家屋の適材適所は、都市建設によって確保されており、都市はその周囲の自然とともに、さらに広い地域の適材適所によって保証されている。世界のどこもこうした現存在の生存と幸福のための適材適所の連関がはり巡らされているのであり、現存在は椅子や机を使いながら、こうした世界的な規模にまで広がる適材適所性の連関と目的連関を認識し、理解することができる。

この連関についての理解こそが、世界と世界性を作りだす。現存在は椅子に座って何か文章を書きながら、その背後にひろがる適材適所性の全体の連関としての世界を理解している。そして現存在はたんに適材適所性の全体としてある〈ところの《ヴォラウ》その《フ》場所《ヒン》〉としての世界を理解するだけでなく、自己の目指す目的のために、そうした適材適所性の全体のうちに存在し、自己の目的を実現するために行動している自己を自覚している。このようにして現存在は、自己の背後にある世界と、世界のうちで生きる自己の両方のありかたをごく自然に了解しているのである。「〔現存在が〕自己を指示する理解の〈そのところ〉（ヴォリン）が、同時に適材適所性という存在様式で、存在者を出会うようにさせる〈ところのその場所〉（ヴォラウフヒン）でもあるということが、世界という現象なのである」(243)。

現存在の自己理解という観点からみたときには、世界はたんに現存在が生きる場所であるよりも、さまざまな意味をもつ目的連関の網の目のようにみえてくることだろう。世界のうちのすべてのものが、現存在の生存と幸福を向上させるという目的を満たすために存在しているように思われるだろう。そしてこうした現存在は、このように世界の側から自己を了解するのである。このように「現存在がみずからを示しながらそこに向かう〈ところのその場所《ヴォラウフヒン》〉の構造が、世界の世界性を形成するのである」(同)。

ヴォラウフヒン

この世界の世界性の考察に関連して、ハイデガーは新たな術語を提起している。それが〈ヴォルムヴィレン〉と同じく、古代ギリシアの哲学、とくにアリストテレスにならった用語である〈ヴォラウフヒン〉である。この言葉は場所を意味するヴォーという副詞、上の方向を意味するアウフという前置詞、方向性を示すヒンという副詞を、合成して作られた副詞であり、これらの意味を合わせて考えると「ある上の場所にあるものを目指して」のように訳される。手元の辞書の説明では、疑問代名詞のように「何に基づいて」として使われるか、関係代名詞のように「それに基づいて」を意味するのが通例である。

ハイデガーはこれまでも適材適所性と世界の意味連関を説明するために、こうしたヴォーを含む多数の副詞を、特別な意味をもつ術語として使ってきた。当面の目的〈〜のため〉を示すのは前置詞ウムと前置詞ツーであり、これは場所を示すダーと前置詞ツーと組み合わせると、〈そのために《ダツー》〉を示す働きをするのだった。この〈そのために《ダツー》〉は、手元存在者に適材適所性をえさせる場面を示す〈何のもとに《ヴォバイ》〉を示す働きをする。この〈何のもとに《ヴォバイ》〉は、適材適所性をもたらす手段である〈何によって《ヴォミット》〉を示す。これらの関連が「たがいに根源的な全体性を構成しながら相互に関係しあっている」(246)ことによって、世界の意味連関が構築されるのであるが、すでに考察したように、それは最終目的としての〈そのための目的《ヴォルムヴィレン》〉によって究極的に規定されているのである。

この最終目的「ヴォルムヴィレン」はすでに確認したように、同時に現存在が世界を了解するときの世界の世界性を作りだすものである。ただしこの最終目的の概念は、世界をその目的連関の構造として眺めるものである。これにたいして〈ヴォラウフヒン〉は、世界をこうした目的連関の構造としてではなく、その最終的な目的という観点から世界を眺めたときに使われる言葉である。これは世界を織りあげている構造連関ではなく、世界とその構造連関の最終目的という地平へと眼を向け、そこから世界を眺め下ろす視線なのである。

ヴォラウフヒンの使用例

この概念は難解なものであり、多くの訳書ではこの語を訳しあぐねている。細谷訳では「そこへ見越して行われる場面」とか「そこへ向かって自己を指し向けていくところ」とか「自分を指し向ける……場面」のように、それぞれに訳し分けている。この訳は、この語がヴォーという副詞、アウフという前置詞、ヒンという副詞で作られていて、ふつうの概念のように名詞でないことを踏まえて訳し分けているのであろう。熊野訳ではこのように訳し分けると一つの同じ概念であることが分かりにくくなるためか一貫して、ほぼ「それにもとづいて」と訳している。

この概念について考えるために、これまで本書でこの言葉がどのように使われてきたかを調べてみよう。

　最初の使用例は、存在への問いが明記された段落17である。この段落では「〈存在〉とは、存在者を存在者として規定するもののことであり、存在者についてどのように説明しようとも、存在者がそのつどすでに「それを理解する地平としての」〈土台となるところ《ヴォラウフヒン》〉の存在によって理解されているもののことである」（017）と語られていた（この訳書では、この語には場面に応じて複数の訳語をつけて訳し分けている）。

　この段落では、このヴォラウフヒンは、存在者を理解する土台のようなものとして考えられていた。存在者は「存在するもの」であるから、その「存在」という観点から理解する必要があるのである。ただしこの段落ではこれ以上の説明は行われていない。

　次に段落243では、この概念は続けて三回使われている。

　この段落の第一の使用例では、ヴォラウフヒンは現存在の自己理解との関連で語られている。世界はさまざまな道具の適材適所性で作られた有意義性で構成された場である。そしてこの適材適所性は階層的な連関を形成しているが、この適材適所性の連関は同時に目的連関でもあり、現存在は究極の目的として「そのための目的《ヴォルムヴィレン》」であった。現存在は世界の理解においては、自分の幸福を目指して存在しているという前存在論的な自己了解をえている。この自己了解の地平がヴォラウフヒンである。ハイデガーは「現存在がこのように自己を指し示すという様態で、あらかじめ自己を先だって理解しているそのところ（ヴォリン）こそが、存在者を先だって出会うようにさせる〈ところのその場所《ヴォラウフヒン》〉」(243)であると語っている。ここではヴォラウフヒンは、現存在が存在者と出会うための条件を与えるものである。

第二の使用例では、ヴォラウフヒンは現存在が自己了解において存在者と出会うのが、適材適所性の連関においてであることが全文を強調して語られている。「「現存在が」自己を指示する理解の〈そのところ〉（ヴォリン）が、同時に適材適所性という存在様式で、存在者を出会うようにさせる〈ところのその場所〉（ヴォラウフヒン）でもあるということが、世界という現象なのである」（同）。ここでハイデガーは、現存在が存在者と出会う様式が、適材適所性の連関であることを示しながら、この存在者との出会いの場所がヴォラウフヒンであることを指摘している。

第三の使用例では、「現存在がみずからを示しながらそこに向かう〈ところの《ヴォラウ》その場所《フヒン》〉の構造が、世界の世界性を形成する」（243）と語られている。ここではヴォラウフヒンは、現存在と存在者の出会いという現象そのものではなく、その出会いによって生まれる世界のありかたを指していることになる（ただしこのヴォラウフヒンは、普通の関係代名詞のように使われている）。

ヴォラウフヒンの構造

これらの使用例から考えると、ヴォラウフヒンとは存在者を理解するための「土台となるところ」であり、現存在が自己了解しながら存在者に出会うことを可能にする「ところのその場所」を示す言葉として使われている。ヴォラウフヒンとは、存在者との出会いと理解を可能にする「地平」のようなものとして、理解するための形式的な構造のようなものとして考えられているのである。

それが地平であり、理解のための形式的な構造であるのは、この語の作りからもうかがうことができる。現存在はあるものを理解するためにそのまなざしを、上（アウフ）にあるその場所（ヴォー）へと（ヒン）向けるのである。存在者について理解するためには存在の意味へとまなざしを向け、そこから存在者を理解する必要がある。

世界の世界性について理解するためには、現存在の究極の目的としての「ヴォルムヴィレン」に基づいて、世界の事物の適材適所性と現存在との出会いについて理解する必要がある。この理解の土台となるところがヴォラウフヒンであり、この語はそのようにまなざしをあるところに向け、そこから理解すべきものを眺めるという構造を示しているのである。

この語は本書ではさらに二回ほど重点的に使われる。第三二節「理解と解釈」の節では、存在者の意味を理解するために構造化された地平のようなものとしてヴォラウフヒンの概念が登場し、第六五節「気遣いの存在論的な意味としての時間」では、投企の意味を理解する地平として、ヴォラウフヒンの概念が使われる。

イデアとヴォラウフヒン

なお、このヴォラウフヒンの概念は、プラトンのイデアによる理解の仕方とよく似ていることに注目しよう(6)。ここに薔薇があるとする。その薔薇は美しいものであることをだれもが理解する。それがどうして美しいと言えるのかというと、それは天上に美というイデアがあって、だれもがこのイデアに基づいて、この薔薇にも美のイデアが分有されていると判断するからである（とプラトンは主張する）。このとき人は薔薇という存在者について、美というイデアによって美しいと判断する。この判断は、上の（アウフ）場所（ヴォー）にある美というイデアを人が眺めやって（ヒン）、そのイデアに基づいて現実の薔薇に下した判断である。

存在とは何かということは、存在の意味を眺め、それによって理解されるのである。また世界の世界性についても同じ構造がある。まず現存在は手元存在するものが目的連関（ウムツー）のうちにあることを理解することで、その適材適所性を手元存在性として理解する。さらに現存在は自己である現存在については、それが目的連関（ウムツー）の連関の最上位にあり、究極の目的（ヴォルムヴィレン）であることを理解することで、みずからには手元存在者のようには適材適所性の概念も、「露呈」の概念も適用することができず、みずからに固有のありかたである世界内存在と実存という存在様態のもとにあることを把握するのである。

意義を示す働き

このように世界のうちのすべてのものにその適材適所性をみいだす現存在は、それらの適材適所性によって自己の目的を実現しようとする。この適材適所性による目的の実現という観点からみると、すべてのものにある「意味」あるいは「意義」がそなわっているようにみえるだろう。適材適所性という概念のうちには、そもそも「〜のため《ウムツー》」という目的の概念が最初から含まれていたのであり、これが世界性の全体の目的連関を形成するのである。

これらの適材適所性と目的の連関の総体は、「たがいに根源的な全体性を構成しながら相互に関係しあっている」(246)のであり、ハイデガーは「指示の働きのうちにあるこうした諸関連の関連づけという性格」(同)を、「意義を示す働き」(同)と呼ぶ。そしてこの〈意義を示す働き〉の関連の全体を「有意義性」(同)と名づける。「この有意義性は世界の構造であり、この世界の構造のもとに現存在はつねにすでにそうしたものとして存在している」(同)のである。現存在はこうした有意義性を了解し、それに親しんでいる。この「〈意義を示す働き〉のうちで現存在は、みずからの世界内存在を先だってみずからに理解させているのである」(同)。

現存在は存在論的にはまず何よりも、世界のうちから、みずからの目的を実現することを目指す存在として、自己を了解している。この世界のうちの目的連関は、現存在の個々の生と目的に「先だつ」アプリオリなものである。こうして世界は現存在にとって、「アプリオリに完了した状態」(240)のものとして登場する。現存在の自己理解はまずこうしたアプリオリに完了した世界の側から行われるのである。

現存在の世界への依存

このように現存在は世界のうちの目的連関のもとで、自己の生の目的と意味の連関を読み取りながら、世界内存在として存在している。現存在はこの世界に、自己の目的を実現することのできる手段をみいだし、こうした目的を実現することによって自己の幸福を手に入れる。このようにして世界は、自己の目的と幸福の実現を目指す現存在にとって、「意味あるもの」「有意義なもの」として立ち現れる。この現存在と世界との「〈親しみ深さ〉」(246)のために、現存在は世界に依存して生きるようになる。

そのことをハイデガーは「アンゲヴィーゼン」という言葉で示している。現存在は、手元存在者の適材適所性の連関のうちで生きているという意味では、現存在は「みずからをつねにすでに出会うべき〈世界〉へと差し向けられた《アンゲヴィーゼン》ものとしている」(同)

のである。そのため「現存在の存在には、このように世界に差し向けられていること、（アンゲヴィーゼンハイト）が本質的なものとしてそなわっている」（同）ことになる。

ただしこの「差し向けられている」と訳したアンゲヴィーゼンという語には、二つの重要な意味がある。この言葉は、「割り当てる」「指定する」「指図する」「振り込む」などの意味をもつアンヴァイゼンという動詞の過去分詞の形で、「割り当てられた」「指図された」などの意味をもつと同時に、「アウフ・エトヴァス・アンゲヴィーゼン」という定型的な表現で、「〜に依存している」「〜に頼らざるをえない」という意味をそなえている。

この両方の意味で現存在は世界にアンゲヴィーゼンしている。現存在は世界のうちに、身のまわりの手元存在者の目的連関のうちに、自己の生きる場所と意味をみいだすという意味で、世界へと割り当てられ、指定されて生きている。これがアンゲヴィーゼンの第一の意味である。しかし同時に現存在は、自己の幸福を実現するという目的において、世界に全面的に依存し、世界を頼りにしながら生きている。それがアンゲヴィーゼンの第二の意味である。

有意義性と言語

このように現存在は世界に自己の生のための意味をみいだしながら、世界の意味を了解することで生きている。ハイデガーはここに言語の発生の条件をみいだしている。現存在のこのような実存の機構が、「言葉や言語の存在の可能性」(247)を根拠づけるのである。世界が意味の織物であるということは、世界は言語の網の目で織りあげられているということだからである。この問題は今後さらに詳細に検討されるのであり、ここでは適材適所性、了解、有意義性、意味、言語という諸概念の結びつきを確認しておくだけにしよう。

B項の役割

このように、了解という構造は、存在の意味を問う現存在が世界の意味について理解することと同じ構造をそなえており、それが有意義性のもとで、言語の可能性をもたらすのである。現存在は世界のうちで、世界内存在という実存の存在様式のもとにありながら、それを言語によって理解することができる。この構造はここではまだ一つの地平として想定されただけであり、この世界とはどのようなものか、現存在は世界においてどのように生きているかという問題は、この地平をさらに詳しく考察することによって明らかにされる必要がある。

こうした考察が、第三章のC項以下、すなわち第二三節以降で詳しく展開されることになる。ただハイデガーは、現存在の存在様式である世界内存在について考察する前に、B項において、デカルトの世界概念を手掛かりに、現存在でない事物の存在様式について考察することを試みる。世界は伝統的に神と人間のあいだにある世界であり、人間でない事物や生物が存在する場所と考えられてきた。こうした伝統的な世界理解の背後にある事物の存在様式について検討する必要があると、ハイデガーは考えるのである。

三つの存在様式

そのためにハイデガーは、これまで検討してきた世界における存在者の三つの存在様式を改めてとりあげ、簡単に点検する。第一の存在様式は、現存在が「さしあたり出会われる世界内部的な存在者」(250)の存在様式であり、これは有用な道具である事物の手元存在性である。第二は、こうした手元存在者について考察してゆくときに、現存在がそれらを自然科学の対象として「それを露呈することを目指す独自の態度で」(250) 考察するときに確認される存在様式で、これは客観的で抽象的な観点からみた事物の存在様式である眼前存在性である。第三は、現存在が「世界内部的な存在者一般を露呈させることができるための存在者的な条件」(同) であり、これは世界の世界性である。これは「現存在の実存論的な規定」(同) でもある。

手元存在性と眼前存在性は、世界内部的な存在者に適用されるカテゴリー的な概念である。世界内存在は、現存在に適用される実存カテゴリー的な概念である。ここで次の二つのことを改めて確認しておこう。第一は、世界内部的に存在するもののカテゴリーを、世界内存在としての現存在に適用してはならないということである。この二つのものは、存在論的に異なる身分をそなえている。キリスト教の創造神の観念を引き継いだ伝統的な哲学では、まず神、次に神の似姿として創造された人間、最後に被造物である世界とその内部の事物という階層が定められていた。その際に世界と人間は、神が創造した被造物という同じカテゴリーのもとに分類され、同じ身分のものとして考察された。しかしハイデガーは、この二つは異なった存在様式のもとにあるために、存在論的に異なる考察方法が必要であることを、これまで明確にしてきたのである。

第二は、この世界内部的な存在者という概念もまた、存在論的に、すなわち現存在の観点から定められたものであるということである。この二つはどちらも存在論的な概念なのである。その意味では、デカルトの哲学のように、精神をもつ人間と、広がりだけをもつ事物のように、人間と世界がどちらも実体であるかのように考えた上で、これらの実体の違いを区別しようとする考え方には、存在論的にみて重要な欠陥があるのである。事物が事物として人間とは異なるものとみなされるのも、また人間からみた視点によるものである。

二つの疑問

このように世界に存在する事物と現存在の存在様式について、三種類の存在論的な分類を確認した後に、ハイデガーは予想される二つの疑問を提起し、それに答える準備をする。このどちらの疑問も、すでに述べてきた二つの論点にかかわるものである。

第一の疑問は、手元存在性の概念のもとで、世界に存在する事物をすべて、現存在がみずからの目的を実現するための手段という観点から眺めることは適切なものかどうかという疑問である。この手元存在性という概念は、世界のすべての事物を、適材適所性という視点から、人間の幸福の実現のための手段として考察することを誘《いざな》うものである。この観点からみると、世界に存在するすべてのものが、この人間の幸福を実現するという目的のための手段とみなされてしまい、その自体存在《アンジヒザイン》、その「実体」としてのありかたが無視されてしまうことになる。

この疑問が、カントの物自体と現象の区別にかかわるものであることは明らかだろう。カントは実体という概念に疑問を投げ掛けた。人間には対象を物自体としては認識することはできず、対象の現象だけを認識するとカントは考える。そのことによって、対象とは物自体（実体）であるよりもまず、人間が認識した現象であることになる。たしかに対象は物自体として実体性をそなえていると思われるが、人間にはそれはたんに時間のうちでつねに存在しつづけるという現象の一つの性格として認識されるだけである。

しかし対象は人間の認識とは別に、実体としても存在するものではないだろうか。事物を手元存在性の観点からみるのは、「人間中心主義的な」観点ではないだろうか。

「世界内部的な存在者の〈実体的な存在〉が、ある関係の体系のうちに消滅してしまうのではないか」(249)が、問われるべきであろう。

第二の疑問は、この物自体と現象の問題を「思考されたもの」という観点からさらに突き詰めたものである。「関係の体系」とは思考されたものであることを考えると、「世界内部的な存在者の存在が、〈純粋な思考〉のうちに解消されてしまうのではないか」(同)という疑問が生まれてくる。これは観念論への疑問である。世界の事物は、人間が思考するあいだ、あるいは知覚するあいだだけ存在するというバークリー的な独我論に陥るのではないかという疑問が生まれるのは避けがたいのである。

ハイデガーの回答

ハイデガーはこの二つの疑問について、この節ではごく簡単に答えている。まず第二の疑問について、世界の事物が「思考されたもの」とみなされるのではないかと考えることそのものが、世界についての予断に基づいたものであることを指摘する。これらのものが「思考されたもの」であると考えるのは、世界の事物が知覚的な認識と、この認識に基づいた思考の対象であると考える哲学の伝統に依拠するものである。事物がそもそも認識されうるのは、「配慮的な気遣いをする目配り《ウムジヒト》のうちにつねにすでに宿っている諸関連」(250)のためだと考えるべきなのである。

第一の疑問については、世界のさまざまな対象が、人間の認識の彼方に、物自体としての「実体」として存在しているという考え方も、一つの予断であることを、ハイデガーは指摘する。この「実体」という概念は存在論的に考察してみるならば、「眼前存在」のありかたに相当するものなのである。

これはいわば人間が世界において出会うさまざまな事物の手元存在性を抽象して、その対象を数学や自然科学の対象として考察しようとするときに生まれる概念なのである。このような抽象の後であれば、それを「数学的に〈関数概念〉で規定することはできる」(同)であろう。しかしこれは概念的な操作の後において初めて可能になることであり、こうした概念的な操作を加えなければ、「ただ眼前的に存在するだけのもの」(同)というようなものは、世界のどこにも存在しないのである。

このようにハイデガーは世界の事物がまず現存在にとって利用できる道具として、手元存在者として存在しており、その存在性格を捨象した後に、初めて数学や自然科学の対象である「純粋な実体性という存在性格をそなえた存在者」(同)のようなものを考えることができるようになると主張するのである。

この問題はデカルトとカントの伝統にさかのぼる重要な問題である。唯物論と観念論の対立関係、物自体と現象の対立関係、実在論と唯名論の対立関係など、近代哲学のさまざまな問題構成の中軸にかかわる問題が、ここに絡んでくる。そのためハイデガーは以下のB項で、デカルトの哲学を手掛かりにして、この問題についての考察を深めようとする。デカルトの哲学は、ハイデガーの世界内存在の理論にたいする「極端な好ましくない事例」(251)となっているからである。

B　世界性の分析とデカルトによる世界の解釈の対比

この項の構成

この項では、デカルトの実体の概念が「広がり」という空間的な概念に依拠するものであることを指摘しながら、このような実体の概念によって取り逃がされた存在論的な問題構成のありかを指摘しようとする。デカルトのこの概念は、ハイデガーの世界と世界内存在の概念による分析とは正反対のものとして「もっとも極端な「好ましくない」事例」（252）となっているのである。ハイデガーはこのような現存在分析という存在論の観点からデカルトの「広がり」と「世界」の概念を批判することで、「環境世界と現存在そのものの空間性を積極的に解明するための消極的な手掛かりがえられる」（253）と期待する。それが「消極的」であるのは、「積極的な」解明である存在論的な考察のもつ威力を、その裏側から照らしだす役割をはたすためである。

このデカルト批判は次の三つの段階で行われる。まず第一九節では世界を「広がりのあるもの《レス・エクステンサ》」と、空間的な概念によって規定したデカルトの考え方を分析する。第二〇節では、このように世界を空間的に規定することには、どのような存在論的な基礎があるかを調べる。第二一節では、デカルトの世界の概念を存在論的に、そして解釈学的に考察する。

このデカルト批判は、もともと執筆されるはずだった第二部の第二篇で詳細に展開されることになっていた。そのためにここでのデカルト批判は、批判の「地平」を提起するにとどまっている。そしてこのデカルトの空間的な実体概念の批判を基礎として、C項の現存在の空間性の考察が展開されるのである。

第一九節　広がりのあるもの《レス・エクステンサ》としての「世界」の規定

デカルトの実体論

デカルトはこのように、実体の概念を「広がり」という概念から展開したのであるが、まずデカルトが実体をどのように定義したかを考えてみよう。近代哲学の道を切り拓いたデカルトの実体の定義が、その後の近代哲学の行方を決定的に基礎づけたのである。デカルトは、実体という概念を「存在するために他のいかなるものも必要とすることなく存在しているもの[1]」と定義した。実体が「存在するために他のいかなるものも必要とすること」のないものであるということは、実体は自己原因であるということである。

ところが実体を自己原因であると考えるこの定義を厳密に考えるならば、実体として認められるのが、神しかないのは明らかである。人間のように他者である母親から誕生せず、食べ物などで養うべき身体をもたず、みずからだけで自存することができるものとしては、神しか考えられないからである。「まったく何ものをも必要としない実体としては、確かにただ一つ、すなわち神しか理解することができない[2]」とデカルトも認めるとおりである。

しかしデカルトはこの実体という概念を一義的にではなく、二義的に考える。「他のすべての実体が、神の協力なしには存在できない[3]」ことを前提としながらも、「存在するためには、ただ神の協力のみを必要とすればよい[4]」ものもまた、実体と呼ぶことにするのである。

このように実体の概念を緩く定義するならば二種類の実体が考えられると、デカルトは主張する。実体を認識するには、その本質を示す属性を考えればよい。「実体の何らかの属性を通して、実体は容易に知られる[5]」からである。こうした実体を示す属性には、「精神における思考、物体における広がり[6]」という二つの属性がある。そして思考という属性をもつ精神と、広がりという属性をもつ物体が、二つの実体として認められることになる。「長さ、幅、深さにおける広がりが物体的な実体の本性をなし、思考が考える実体の本性をなしている[7]」のである。

デカルトは「わたしは考える」というコギトの活動に基づいて、思考することが実体であることは疑問の余地のないものだと考える。しかし人間の身体を含めて、考えることのないものもまた存在する。それもまた実体であるとするならば、その属性を「思考しないこと」、精神の欠如として考えるよりも、古代の哲学の伝統に基づいて「広がり」をもつことに見定めるべきだと考えたのである。この思考と「広がり」の区別が「その後に、存在論的に〈自然と精神〉の区別を規定するようになる」(254)のである。

このように思考しない事物の属性を「広がり」のうちに求めるというのは、古代ギリシアの哲学的な伝統に依拠するものである。実体(スプスタンティア)というラテン語は、ウーシアというギリシア語を翻訳したものであるが、このウーシアという語には、「存在」という意味と、財産などの存在者という二重の意味がそなわっていた。だからこそデカルトは実体を考察する際に、つねに事物としての存在者を含めざるをえなかったのである。「実体《スプスタンティア》にそなわるこの二重の意味は、ウーシア「実体」という古代の概念にすでにつきまとっていたもの」(同)なのである。

「広がり」の概念の特徴

デカルトによると、このように世界のうちに存在する事物の形や運動もまた、広がりという観点から考えることができるし、その観点からしか考えることができない。これがある事物を実体にする基本的な属性であり、「本性」である。「実体はその〈属性〉によって近づきうるものとなるのであり、またすべての実体は一つの特別な特性《プロプリエタス》をそなえているのである。この特性によって、特定の実体の実体性の本質が、わたしたちに読みとることのできるものとなる」(255)のである。

この本性としての「広がり」とは別に、事物にはさまざまな性質がある。「力」「固さ」「重さ」「色」などであるが、こうしたさまざまな「規定を物質からとりのぞいても、物質はそれまでと同じ物質のままである」(257)のであり、「これらの規定は物質の本来的な存在を構成するものではなく、それらがある場合にも、それらは広がり《エクステンシオ》の諸様態にすぎない」(同)ものと考えられる。

これらの性質と違って広がりだけは、その物体のこうむるさまざまな変化のうちでも「完全に維持され、残りつづけるもの《レマネット》」(同)である。これは事物に本来そなわる属性であり、これが「実体の実体性」(同)であるとされることになる。

第二〇節 「世界」の存在論的な規定の基礎

存在の概念の二義性

デカルトは実体の概念を、自己原因として定義しながらも二義的に使っていることは、すでに確認した。神という存在者は、存在するために他のいかなるものも必要としないもの、すなわち自己原因である。それにたいして広がりのあるものや考えるものなどは、世界のうちにおいて存在するために、神の協力を必要とするもの、存在するためには自己原因であることができず、神によって創造されなければならない被造物である。すると、神と人間や事物では、「存在する」という語に二通りの意味があることになる。

まず「神は存在する」と語ったときの「存在する」という語の意味は、他のいかなるものの助力なしで、自己原因としてそれ自体で存在するということである。これにたいして「人間が存在する」とか「地球が存在する」と語ったときの「存在する」という語は、神がまずそれらを創造することで、「存在する」ようになったこと、そしてそれを維持するために別のものを必要とすることを意味している。「神でないすべての存在者は、もっとも広い意味で制作されること、そして維持されることを必要とする」(258)のである。

そうだとすると、「これらの二つの存在者のあいだには、存在のしかたに無限の差異があるのだから、この〈存在する〉という語は、これらの二つの存在者を一義的に〔ギリシア語では〕シュノーニュモース、〔ラテン語では〕ウニウォケ)意味することはできない」(259)ことになるだろう。アリストテレスにならって言うならば、存在は多様に語られるのである。もしも同一の意味で語るならば、「創造されたもの〔世界〕を創造されていないもの〔神〕として語ることになってしまうか、あるいは創造されていないもの〔神〕を創造されたもの〔世界〕の地位にまで引き下げてしまうことになる」(同)のである。

このように「存在」という語の多義的な使い方を認めるならば、「わたしたちは〈存在〉という語を、こうした〈無限の〉差異を包括するほどの広い意味で使っている」(258)ことになるだろう。この多義的な使い方によって、「被造物である存在者も〈実体〉と呼んでいるのは、ある程度は正当なこと」(同)と言えるようになる。

デカルトの「実体」概念の問題性

デカルトは、この実体であることの定義を一義的なものとすることで、自己原因でない被造物である世界の事物にも、自己原因であり、創造者である神と同じように「実体」という概念を割り当てたのだった。このデカルトの方法によって、重要な帰結が生じることになった。

デカルトは実体とは〈何か〉という問いにたいして「それ自体で存在するもの」と答えた。これは実体をその本質から定義するものであり、いわゆる内包的な定義と考えることができる。この定義の核心にあるのは、神による世界の創造という神学的な議論である。神は無限な絶対者として、創造する者であり、その存在は自律的なものであり、存在するために他のものを必要としない。この神をその答えとしてもつ存在についての問いは、存在するとはどういうことかという存在論的な問いに支えられている。

これにたいして世界と人間は有限な相対的な存在であり、創造された者であり、その存在は他律的なものであり、存在するために他のものを必要とする。この「他のもの」とは動物の場合には両親という生物学的な「親」であり、道具などの事物の場合には人間による制作である。しかしデカルトは、これらの存在者も実体であると指摘しながら、それが自己原因ではなく、他の原因を必要とするということからではなく、広がりや思考という属性に基づいて定義する。この定義は、あるものをその本質からではなく、存在様態から定義するものである。世界と人間については、デカルトは実際に存在する存在者については、広がりをもつもののように、外延的で存在者的な定義を採用していることになる。

このようにデカルトは、実体とは〈何か〉という内包的な定義の場合には、神による創造という存在論的な観点から答える。ところが実体とは〈どのようなものか〉という外延的な定義を行う場合には、このような存在論的な観点からではなく、「暗黙のうちに前提されていた存在の意味と実体性の意味にもっとも純粋にふさわしいような属性で表現する」(260)のである。

デカルトがこのように、世界や人間という神以外の「実体」について考察するときには、実体そのものについてでも、実体性の観点からでもなく、実体の所有しているもっともわかりやすい属性に基づいて分類したのは、実体の存在そのものは「わたしたちを〈触発する〉ことがない、だから知覚できない」（同）と考えたからである。これは実体とは何かという問いにたいして、「知覚できること」を、実体性の条件として定めたということを意味する。

だからデカルトが、実体には「広がりのあるもの」と「思考するもの」という二種類のものがあると考えたときには、実体の「存在」についての存在論的な見地から考察することなく、その顕著な属性の違いによって分類するという存在者的な方法を採用したことになる。これは「存在について純粋に問うための問題構成の可能性が原理的に断念された」（同）ことを意味する。その理由についてデカルトは、「実体をそれだけで理解するよりも、広がりのある実体とか考える実体とかを理解するほうが、はるかに容易なのである」（同）と説明している。

これは実体について存在論的に考察すべきところで、その属性という「それぞれの存在者にそなわる存在者的な規定」（同）によって語ることを選んだということである。そのため実体について語るときに、あるときには存在論的な意味で語られ（神によって創造された存在である）、あるときには存在者的な意味で語られ（広がりという属性をもつ存在である）、そして他の「多くの場合には違いがはっきりと示されないままに存在者的あるいは存在論的な意義で」(261)語られたのである。この混乱を解決するためには、実体についての存在者的な意味と存在論的な意味を明確に区別した存在論的な問いが必要なのである。

第二一節 「世界」についてのデカルトの存在論の解釈学的な考察

デカルトの問題構成の不適切さ

ハイデガーはデカルトの実体論のこうした「混乱」について語りながら、この混乱は、「世界」についてのデカルトの問いの混乱と結びついたものであることを指摘する。デカルトが最初の懐疑の試みにおいて問い掛けたのは、絶対に疑いえない確実なものが、そもそも存在するかどうかということだった。

そしてこの懐疑の試みにおいて最初に「疑いの理由」(1)があるとみなされたのが、「世界」のうちに存在すると思われるさまざまな事物や性質だった。わたしたちはこうしたものを身体で感覚するし、その感覚は確実なものと思われる。しかし「感覚はときおり欺く(2)」のである。デカルトは感覚を疑うとともに、記憶や知性の確実さについても疑念をはさみ、やがて身体で感覚されている「世界のうちには、天空も、大地も、精神も、身体も、物体も、まったく何ひとつとして確実なものが」ない[3]ことを、みずから確認したのである。

このデカルトの懐疑の対象となったのは、広い意味での自然、人間の精神と身体、世界の中のさまざまな物体である。デカルトの実体の定義によると、これらはいずれも実体ではあるが、神ではない実体、すなわち世界のなかに存在するさまざまな事物である。こうしたデカルトの実体への問いは、世界に存在する事物の「存在」の確実さへの問いでもあるのだから、それは同時に、「〈世界〉についての存在論」(262)的な問いであるはずだった。

それではデカルトの存在論は、世界について、世界に存在する事物について、精神をもつ存在である人間について、適切な問いを立てているだろうか。ハイデガーはデカルトの存在論について三つの問いを立て、その三つの問いにいずれも否定の答えをつきつける。

第一の問いは、デカルトの世界の存在論が、「そもそも世界の現象について探究しているのだろうか」(同)という問いである。この問いには否定的に答えねばならない。

デカルトが探し求めているのは、世界という現象ではないのである。それは懐疑においてまっさきに否定されるものだからだ。

第二の問いは、デカルトの存在論は、「世界内部的な存在者について十分に規定し、それによってその世界適合性を明らかにできるようになっているだろうか」(262)という問いである。この問いにも否定的に答えなければならない。デカルトは「世界内部的な存在者」についての規定を、そのもっとも分かりやすく、つねに残りつづける属性である「広がり」にみいだしたのであるが、この属性は世界の内部にある存在者の「世界適合性」を示すには、まったく不適切なものだからである。それはきわめて無世界的な特性なのである。というのも、この「広がり」とは、デカルトの懐疑においては、世界というものの特性がすべて消去された後にも、「残りつづける」(257)ものだからである。

第三の問いは、この最初の二つの問いが否定された後に、ただ「可能性」として残りうるもの、すなわち「神、自我《イッヒ》、〈世界〉を根源的に分離しようとする存在論によって、何らかの意味で存在論的な問題が立てられ、問いが進められるという可能性だけはあるのではないだろうか」(262)という問いである。

この問いにたいしても、やはり否定的に答えざるをえない。デカルトの問いは、たしかに、実体という概念から、創造主であり、真の実体である神と、被造物でありながら、思考するという特性をそなえた人間と（ここでは自我《イッヒ》と表現されている）、〈世界〉の内部に存在する事物を「根源的に分離しようとする存在論」（同）を目指しているようにみえた。しかしデカルトの世界は伝統的な「世界」の概念にすぎず、この「世界」が意味するのは、世界の内部に存在する事物としての存在者にすぎない。そのためこうした「根源的に分離しようとする存在論」によっては、世界において内部的に存在する事物と、世界内存在する現存在の違いという存在論的に重要な区別を提起することは、最初から不可能になっているのである。

デカルトの問題構成は、「広がり」という属性をもつ実体としての事物と、「考えるもの」という属性をもつ実体としての人間の精神を区別することによって、世界内部的な存在者と人間を存在論的に区別するようにみえるが、この区別は本来の存在論的な考察を行うためにはきわめて不適切である。というのは、これらの二つの存在者はまったく異なる属性をもつ独立した実体とされているために、それらがたがいに関係をもつことは、不可能ではないとしても、きわめて困難であることが、論理的に帰結するからである。

デカルトの存在論からは、人間が身体という広がりをもつ存在でありながら、精神をそなえた存在であるという事実が、一つの「謎」として帰結する。そしてこの身体と精神の二元論とその相互作用をどうすれば解決できるかという疑問（これは近代哲学の伝統で心身問題と呼ばれるようになる）が、その後の哲学にとって、解決すべき重要な謎となり、課題となるのである。

このように、人間が世界のうちに存在することは、哲学の出発点とも言うべき自明の事実でありながら、デカルトの哲学においては、人間が世界のうちに存在し、世界の事物に働きかけ、世界の事物から働きかけられるという事実そのものが、解明を要する「謎」となってしまったのである。そのためにデカルトの解釈では世界の現象についても、「さしあたり手元に存在する世界内部的な存在者の存在についても、飛び越してしまわざるをえなかった」（262）と言わざるをえないのである。その理由はどこにあるのだろうか。

デカルトと自然科学

それはデカルトの哲学が成立した時代的な雰囲気のうちに求められるかもしれない。デカルトとほぼ同時代の哲学者たちは、哲学と自然科学を明確に区別しないことが多かった。デカルトよりも数年前に生まれているホッブズは、人間についての哲学は、自然の事物についての哲学的な考察を基礎とするものであると考え、そうした自然哲学を人間の考察にも応用しようとしていた。自然科学者のニュートンは、現在では物理学としか言いようのない自然科学的な考察を集めた主著を、『自然哲学の数学的諸原理』と名づけていた。

デカルトもまた『世界論』など、自然科学を数学的に展開する書物を発表している。デカルトにとって学問とは、理性という〈自然の光〉による確実な認識の体系であり、この確実な認識を保証するのは、直観に基づいた数学的な認識であった。そのために世界の事物を考察するための「唯一で真正な通路《ツガング》は、認識作用《インテレクティオ》であり、しかも数学的かつ物理学的な意味での認識である」(263)と考えられたのだった。たとえば『省察』でデカルトは、「わたしは物質的な事物が、純粋数学の対象であるというかぎりにおいて存在しうる、ということだけは知っている[4]」と語っているのである。

こうした観点からすると、「本当の意味で存在するものというのは、その存在様式からして、数学的な認識によって近づくことができる存在にもっともふさわしい形で存在するものであるということになる」（263）という結論は避けがたいものだった。そして数学によって認識できるものは、形や重さや数などの量であり、さまざまな変化を通して「つねに残りつづけるもの、という性格をそなえている」（同）ものである。ということは、「存在とは、たえず眼前的に存在するものであるという理念」（同）に依拠するということである。

これは対象の認識において、「もっとも広義に理解した〈直観〉」（264）であるノエインという営みを重視するということであり、このノエインの能力である知性に依拠するということである。これは同時に、感覚的な知覚の能力であるアイステーシスを軽視し、その能力を批判するということを意味した。人間の身体的な能力である感覚的な知覚の力は、外部の物体が人間にとって「どれほど有益あるいは有害であるかを示してくれ」（265）るものにすぎないのであり、対象の客観的な認識には貢献しないと考えられたのだった。

デカルト哲学のもたらした三つの帰結

このようにデカルトがもっとも確実な知をもたらすものを、身体的な感覚の力ではなく直観としてのノエインに求めたときに、そしてすべての存在者の実体性を、変化のうちにあって残りつづけるものである「広がり」に求めたときに、存在者の存在が眼前存在性に限定されることになったのであり、これについてのハイデガーの議論は明確で、説得力がある。

ハイデガーはまず、デカルトがそれまでの伝統的な自然哲学の伝統に依拠していたために、世界のすべての事物を、この「広がり」のあるものという観点から眺めることになったことを指摘する。そしてこの指摘に基づいてハイデガーは、存在についての現象学的な考察という観点からデカルトを批判することで、デカルト哲学がもたらした三つの重要な帰結を指摘する。

第一にデカルトは、人間を世界の事物とは明確に異なる存在者であると考察しながらも、その違いを、世界の事物は「広がり」だけをもち、人間だけが「広がり」と思考の結合体であることに求めた。そのためこれが、人間と世界のその他の事物との二元論的な対立を生みだしたのである。そして思考するものであるはずの人間が、「広がり」をもつだけの事物とどのように交渉することができるのか、とくに人間が自分の身体とどのようにかかわることができるのかということが解きがたい謎となった。そのために人間という「現存在について、根源的で存在論的な問題構成を確立すべき場所を拓くこと」(271)ができなくなったのである。

第二に、人間と世界の事物がこのように二元論的に対立させられてしまったために、世界の事物を広がりという属性から眺めるのはどのような存在者であるかということを問いえなくなった。これは人間についての存在論的な問いを問えなくなった第一の帰結の裏面である。人間は、自己についてだけでなく世界についても、存在論的な問いを問うことができなくなった。これによって「世界という現象を捉えるまなざしが歪められてしまった」(同)のである。

第三に、この二つの帰結のもたらす結果として、世界の事物の存在がただ「眼前存在性」という観点からしか規定できなくなった。世界においてさまざまな事物が、ただ数学的な認識の対象としてしか、その広がりという属性からだけ考察されるべき対象としてしか、把握されなくなった。しかし世界の事物は、たんに数学的に認識する対象である以前に、人間が自分たちの生活の便宜のために作りだした事物であるという存在論的な特徴をそなえているのである。デカルトの観点からは、こうした存在論的な考察を行うことはできず、世界はただ眼前存在性という「特定の世界内部的な存在者の存在論のうちに押し込まれざるをえなかった」(同)のである。

新たな課題

このデカルトの思考の道筋は、近代哲学の行方を決定した重要なものであった。近代の哲学はデカルトが示したこの謎を解こうとしながら発展することになったのだが、ハイデガーがここで指摘したような存在論的な見地が確認されることはなかった。そのため近代哲学の進んだ道程は、デカルトの欠陥をある意味では引き継ぐことになったのだった。ハイデガーはこうした近代哲学の行き詰まりの原因を明らかにするとともに、その隘路から抜け出す道を示そうとする。

この行き詰まりを突破するには、デカルトが暗黙のうちに採用していた前提を再点検し、デカルトの思考の枠組みそのものを作り替える必要があるだろう。そのためにハイデガーが提示する方法は、次の三点に要約される。

第一は、デカルトの哲学のもっとも基本となっていた「広がり」のある物質と「思考するもの」である精神の二元論的な対立を克服することである。この二元論を克服するためにハイデガーが提示したのが、世界内部的な存在と世界内存在という新たな二元論であった。ただしこの二元論は、精神と物質というまったく独立したものが対立するデカルトの二元論とは異なり、その対立の根底に、世界内存在として、世界内部的な存在者と交渉をもつ現存在についての存在論的な考察がある。この現存在についての存在論的な考察は、この世界の内部的な存在と世界内存在という見掛けだけの対立を克服する土台となることができるのである。これが現存在についての基礎存在論の考察である。

第二は、この基礎存在論に依拠することで、世界の内部的な存在者と世界内存在する現存在の対立の土台となる「存在一般」についての考察を展開することである。これが「存在一般の概念を理解するために必要な地平」(275)となるだろう。この存在一般についての考察こそが、ハイデガーが目指す存在論の核心となるものである。『存在と時間』は現存在についての考察を中心とする基礎存在論の枠組みを越えて、存在一般についての存在論的な考察を展開するはずだった。

第三は、この地平に依拠しながら世界の事物について、現存在の観点から考察することにより、現存在でない世界の事物の「手元存在性や眼前存在性が、存在論的にみて根源的に理解」（同）する道を探ることだった。

四つの具体的な課題

ハイデガーはこれらの三つの目的を実現するために、次の四つの問いを提起している。これらの問いは、執筆されなかった第一部第三篇「時間と存在」において考察されるはずだったものである。

第一の問いは「わたしたちにとって決定的に重要な意味をもつ存在論的な伝統の端緒において、とくにパルメニデスに顕著にみられるように、どうして世界の現象を飛び越してしまったのだろうか。どうして、このように飛び越してしまう試みが繰り返されるのだろうか」（277）ということにある。この問いでは、古代のギリシアの哲学、とくにパルメニデスの存在と真理の概念に依拠して、こうした「世界の現象を飛び越してしまう」試みが生まれた理由と、こうした試みがたえず反復される理由が考察されることになるだろう。

第二の問いは、「飛び越された現象の代わりに、どうして世界内部的な存在者が、存在論の主題として登場してくるのだろうか」(278)というものである。この問いによって、古代のギリシア哲学の全体を通じて、世界への問いがその世界性についてではなく、世界のうちに存在するさまざまな事物への問いに変わったことの経緯と理由が問われることになる。

第三の問いは、「どうしてこの存在者がさしあたり、〈自然〉のうちに発見されるのだろうか」(279)というものであり、世界が人間の生きる場としての世界ではなく、神の創造した自然と同一視されたことを問題とする。

第四の問いは、「このように世界存在論を〈補足〉する必要が生じたときに、どうして価値の現象に助力を求めたのだろうか」(280)というものである。これはロッツェの価値哲学を受け継いで展開された同時代のヴィンデルバントやリッケルトなど、新カント派のうちで西南ドイツ学派と呼ばれる哲学者たちが主唱した価値哲学を批判することを目指したものである。西南ドイツ学派は、この「価値」という概念によってデカルト以降の近代哲学の伝統を救済しようと試みたのであるが、それには存在論的にみていくつもの重要な欠陥があった。

価値哲学の欠陥

第一に、「価値」という概念は、デカルトが世界と物体の属性と考えた「広がり」の概念を前提として、自然の事物に人間的な「〈財〉」(272)の概念をあとからつけ加えようとするものである。しかしこのように自然の事物に価値の概念を「つけ加える」ことができるには、すでに自然の事物が眼前存在であることが前提とされていなければならない。このように自然の事物が眼前存在することが、「暗黙のうちに前提にされて」(273)いるところに、「〈価値〉を示す述語をあとから存在者につけ加えてみたところで、この存在は存在論的に〈補足〉されることはない」(同)と言わざるをえない。

第二に、事物の事物性とは別に、それとは独立したものとして価値の概念を「つけ加える」ことができると考えることは、「財」とみなされた自然的な事物に、「純粋な、眼前性という存在様式をふたたび前提する」(同)ことにしかならない。しかし手元存在者としての道具について考察されてきたことからも明らかなように、「財」としての事物には、たんなる「事物性だけでは完全に理解することのできないものがある」(同)のである。

第三に、このように価値の概念を事物に「つけ加える」という作業を、何らかの「設計図なしで」(273)行うのは無意味なことであり、そこにすでにある暗黙的な存在論的な前提がもちこまれているのである。だから「〈価値をもつ〉という性質に逃げ込んでも、手元的な存在としての存在をまなざしのうちに捉えることすらできない」(同)のである。むしろこのように事物に「価値」という概念を「つけ加える」ことで、近代哲学の問題が解決されると思い込まれたところに、伝統的な哲学の存在論的な欠落が露呈しているのであり、その現象そのものが考察する必要があるのである。

なお、ここでロッツェの価値の概念が「〈肯定〉の一つの様態」(同)として挙げられているが、これについてはハイデガーが一九二六年の講義『論理学』で、詳しく説明している。ロッツェの『論理学』は、西南ドイツ学派の「価値」の概念を支える中心概念である「妥当」という概念を提起したものであり、「妥当という表現が、そしてまたその表現で意味されているものが、現代を風靡するにいたったのは、ロッツェの論理学による」(5)のである。

ロッツェは『論理学』において、考察の対象となるものが、「諸々の事象それ自体でも、物自体でもなく、〈われわれ諸表象相互の連関以外のものではない〉」(6)と主張する。論理学で考察するのは、これらの表象の連関なのである。こうした表象の多くは、意識の外部にある事物についての表象であり、その表象が成立するためには、その事物について何らかの措定を行う必要がある。たとえば「この本の表紙は黄色である」という命題においては、本の表紙に「黄色」という色が措定されているが、これは本の表紙の黄色さという事態を「肯定する」ということである。この命題が肯定されているということは、この命題が語っている事態が「妥当している」ということである。そのときには、真理が成立する。その真なる命題では「真理の妥当」[7]という事態が成立している。この真理はイデア的なものとして妥当するのである。

このロッツェの「妥当としての真理」の議論をうけついで、それを「価値」の概念に流し込んだのが、新カント派の西南ドイツ学派である。というのも、この命題で承認されているのは、「妥当ではなく、価値である。すなわち真なる命題が肯定するもの、真理そのものとは、価値なのである」[8]と考えるからである。このようにして「認識作用は価値に向かうのであり、認識の対象は価値である。ロッツェの妥当論からこのように認識論へいたる道を拓いたのは、ヴィンデルバントとリッケルトである」[9]。というのも、認識するという「理論的な態度もまた、価値にかかわる態度なのである」[10]とみなされたからである。

実際にリッケルトは、ヴィンデルバントが判断と価値判断を区別したことを指摘しながら、判断が肯定されるときに、その判断は価値判断になると指摘している。「判断とは純粋に理論的な表象の結合であり、その真偽を決定するのが価値判断である」[11]というのである。判断を肯定したときには、それを真理として認めることになり、判断の「真理価値は、肯定または否定によって決定される」[12]ことになる。このようにして価値哲学は、判断のうちに真理という価値をみいだすことによって、事物に「価値」を付与したのである。

C項へ

このようなハイデガーによる伝統的な存在論にたいする批判は、古代ギリシアの哲学から現代の価値哲学にいたるまでの哲学の流れの全体を批判しながら、これまでの哲学では存在論の真の意味が忘却されてきたことを論難するものである。そしてハイデガーの存在論だけが、その忘却から哲学を目覚めさせるという野心的な展望を示すものだということになる。

このハイデガーの存在論は、とくに人間が生きる世界という場について、その空間的な特性を環境世界という観点から考察するとともに、その時間的な特性を歴史という観点からだけでなく、人間の死と実存というユニークな観点から考察するものとして、注目されることになる。この章のC項ではまず、世界の環境性と現存在の空間性についての考察が展開される。これは次の章の現存在の日常性の分析へとつながる重要な意味をそなえている。

C　環境世界の〈まわり性〉と現存在の「空間性」

環境世界の〈まわり性〉と現存在の「空間性」についての考察の構造

この項は、現存在について時間性という観点から考察するに先だって、その空間性を考察するという課題を遂行するものである。すでに指摘されたように、ギリシア哲学以来の人間の考察は、世界とそのうちに存在する事物の眼前存在的なありかたに基づいて、こうした事物の存在様式との類比において展開されることが多かった。ハイデガーはこれを批判しながら、世界のうちに存在する事物の存在様式と現存在の存在様式を対比しながら、世界の世界性を規定しようとする。そのために、「空間の中に眼前的に存在している」(284)ものの分析から始めることが必要になるのであり、この考察は次の三つの段階を経由しながら展開される。

第一の段階では、世界のうちに「たんに空間の中に存在するありかた」(同)、すなわち「内部性」という存在性格をそなえた事物の空間性を、眼前存在性としてさらに詳細に考察する(第二二節)。

第二の段階では、世界のうちにこうした眼前存在者として存在することのない現存在という存在者が、どのような空間性をそなえているかを考察する。現存在の存在様式には、内部的な存在者のような空間性はそなわっていないが、現存在もやはり、空間において存在するものだからである。この「現存在にとって本質的な空間性」(同)とはどのようなものであるかを明らかにするのが、この段階の課題である(第二三節)。

第三の段階では、この最初の二つの段階を総合するものとして、このような空間性のもとで存在する現存在と、世界に内部的に存在する事物との関係を、現存在の空間性と世界の事物の空間性との関係として考察する(第二四節)。その際とくに、「環境世界の〈まわり性〉、すなわち環境世界で出会う存在者に固有な空間性は、それ自体、実は世界の世界性によって根拠づけられる」(同) ことが明らかにされる。眼前存在者の空間性は、じつは現存在の世界性に基礎づけられているのである。

第二三節　世界内部的な手元存在者の空間性

手元存在者の存在

すでに考察してきたように、現存在を取り囲むすべての事物は、現存在の日常的な生活のうちから眺めてみると、眼前的な存在者としてではなく、現存在の生活の便宜のための手元存在者として存在している。部屋の中のさまざまな事物は、どれも人間が家庭で利用するために、目的をもって揃えたものである。

机、椅子、ソファー、キッチンのさまざまな道具にいたるまで、部屋の中にあるものはその部屋の住人が、何らかの目的をもって、何らかの用途で使用するために集めてきた道具という性格をそなえている。部屋の住人が、自分の部屋の中にある特定のものについて、その用途や来歴について語ることができないというのは、きわめて例外的なことである。

たとえ部屋の中にあるものがふつうの意味での道具でないときにも、同じことが言えるだろう。それが浜辺から拾ってきた小石だとしても、それはその部屋の住人にとっては、たんに浜辺で眼の前に転がっていた石ころという性質のものではない。その小石一つについても、それを拾ってきた場所、拾った時、その時に一緒にいた人、その小石にまつわる思い出などを、部屋の住人は語ることができるものなのだ。

この石はたしかに、鉱物という自然物である。地質学者であれば、それが拾われることがありそうな場所について、その地質学的な来歴について語ることができるだろう。しかしこの部屋にある小石は、そのような自然物としての眼前存在者として、そこに存在するわけではない。あくまでも何らかの目的のために拾われてきて、そこにあるのである。眼前存在者にふさわしい自然科学的な説明は、その部屋にある石には不適切なのである。学問的な目的で収集された石の見本であっても、それを収集した地質学者であれば、その小石を拾った目的、それを拾った時と場所、その時に一緒にいた人などについて、多くの思い出を語ることができるだろう。

手元存在者の空間性

このように世界のうちに存在する事物は、まず現存在にとっては何らかの目的や用途で使うべき道具であり、あるいはそれが手元にあることで、かつての記憶を呼び覚ます〈めじるし〉のようなものである。このような事物はそれではどのような空間性をそなえているだろうか。

この空間性の第一の特徴は、それが置かれている場所は、現存在が「配慮的な気遣いの〈目配り〉《ウムジヒト》のうちで」(286)、その場所に配置したものであり、その目配りのまなざしはすでに、それを使用する目的を考慮にいれていることである。それは「その本来の場所にある」(同)べきものである。ハンマーであれば、道具入れに納められ、たとえば押し入れのうちに置かれているだろうし、包丁であれば台所の包丁差しに収納されているだろう。

ときにはそれが「〈散らかっている〉」(同)こともあるだろう。整頓するのが面倒な人であれば、使ったハンマーや包丁をすぐに元の場所に戻さずに、そのあたりに放っておくこともあるだろう。そのときにはハンマーがソファーの側に転がっていることもあるだろう。しかしそれは本来の場所に納めるべきものが、まだそこにあるというだけであり、それは「空間の任意の位置にたんに現前している」（286）というのとは、まったく異なる性格のことである。それは「整頓しなければならない」ものなのだ。この特徴は、道具などの事物が存在する空間を、現存在がどのような「まなざし」で眺めているかという点に注目することで確認されるものである。

第二の特徴は、すべての道具はこの配慮的な気遣いの目配りのまなざしのもとで配置されているために、現存在にとってある「近さ《ネーエ》」のうちにあるということである。こうした道具は手を伸ばせば届くような近い場所に、「本質的に道具として設置され、保管され、組み立てられ、整頓されている」（同）のである。「わたしたちが日常的に交渉する手元的な存在者には、近さという性格がある」（同）のだ。この特徴は、こうした「まなざし」のもとで配置された道具が、現存在とどのような「距離」にあるかという点に注目することで確認される。

第三の特徴は、このように現存在は自分に「近い」場所に、自分の生活の便宜をめざす「まなざし」のもとで、さまざまな道具を、距離を見計らって配置しているのであり、これによって自分の周囲に、一つの生活空間を作りだしているということである。それをハイデガーは「〈辺り《ゲーゲント》〉」（同）と呼ぶ。すべての道具は、一つの道具連関を作りながら、「〈そこに属するにふさわしい〉」（同）場所のうちに、「辺り」に配置されている。包丁もまな板も布巾も、箸も匙もすべてが調理という作業にとっての使いやすさという「配慮的な気遣いの目配り」（同）のまなざしのもとで、それぞれの適材適所において、「辺り」に所属しているのであり、任意の場所に眼前的に存在しているわけではない。

　この第三の特徴の「辺り」は、さまざまな道具類が、現存在の生活の場でどのような方面あるいは方角に存在しているかに注目することで確認されるものである。第二の特徴の「近さ」は、現存在と道具との「距離」を問題にするものであったが、この「辺り」は、道具が現存在にとってもつ「方向」を重視する。

　この距離を示す「近さ《ネーエ》」と方向を示す「辺り《ゲーゲント》」によって、現存在が生活する日常空間は、一つの組織された場となり、「〈身のまわり《ウム・ウンス・ヘルム》〉」（287）が形成される。この場は自然科学的あるいは数学的には、人間が存在する空間であり、人間の近くにある空間であり、三次元をそなえた空間である。しかしこの空間の三次元性は、現存在の日常生活ではほとんど意識されることがない。現存在は一つの場や「身のまわり」で生活しているのであり、三次元の座標空間の中に存在しているわけではない。もちろん自然科学的なまなざしから見ると、人間が存在している場所はこうした三次元の空間ではあるが、それは「手元的に存在するものの空間性のうちにあって、まだ隠されたまま」(287)なのである。

手元存在者としての自然物

このように現存在は、すべての事物を自分の生活の便宜のために道具として使用する傾向がある。そしてこの傾向は、すでに述べたように小石のように自然に存在する事物にも及ぶのである。自然の事物である小石は、現存在にとってはペーパーウェイトとして利用すべき道具であり、あるいは海岸での磯遊びの記憶をよみがえらせるための〈めじるし〉である。部屋の中に置かれた小石は、山の岩石が川の水や海の波によって砕かれ、表面を滑らかにされた自然物であるよりも、むしろ現存在が自己の生のために利用する道具である。

このように現存在は自然の事物もまた、みずからの生活のために手元存在的な道具として利用する。防風林は、風が吹きつけてくる方向に樹木を並べて植えて、住宅を強い風から防ぐための道具である。街路樹は、道路の脇に植樹して、夏の陽射しを防ぐための道具である。自然の生物である樹木を含めて、すべてのものが、こうした道具として利用される可能性があるのであり、実際に利用されている。道具のもつ手元存在性は、ふつうは眼前存在者とみなされる自然のさまざまな事物にも適用されるものなのである。

道具としての太陽

ハイデガーはその象徴的な例として太陽をあげている。太陽は銀河系に含まれる無数の恒星のうちの一つであり、地球はその一つの惑星にすぎない。しかし地球に住む人々にとっては、太陽は生活を営む上で基本的に重要な役割をはたしている「事物」である。

第一に太陽は日光と輻射熱を与えてくれる。これなしでは地球に生命は存在しえないのである。この太陽の与えてくれる便宜に基づいて、人々は太陽をある種の道具として利用するのであり、太陽の位置は現存在にとって、「辺り」という意味をもつようになる。

人間は生活するために住宅を建設する。この住宅というものは、その地域での太陽の場所をめじるしにして建てられている。住宅は南向きの日当たりのよい場所に、好んで建設される。日当たりの悪い場所は、住宅には適さない場所として事務所や倉庫などの建造物にあてられることが多い。住宅や倉庫などのさまざまな建物は、太陽の位置を「辺り」とすることで、それぞれに「そこに属するにふさわしい」（286）ところ、〈～への所属《ヴォヒン》〉が定められるのである。

ヨーロッパの小さな地方都市では、教会が町の中央にあり、その周囲に住宅街、商店街、オフィス街、墓地などが配置されることが多い。こうした建物の配置は、その都市の位置と太陽の陽射しの方向を勘案して設計されている。ハイデガーは、教会とその墓地は「日の出と日没、すなわち誕生と死の〈辺り〉に合わせて設計されて」（288）いることを指摘する。そして誕生するとすぐに教会で洗礼を受け、死んだ後には教会の墓地に埋葬される現存在もまた、その誕生の瞬間から死の瞬間にいたるまで、この二つの方位にあわせて、その生涯が設計されているのである。「現存在もまた生と死という二つの〈辺り〉によって、世界のうちでみずからにもっとも固有な存在可能性について規定されている」（同）ことになる。

この都市の設計にあたっては、太陽にたいする地球の向きが重視される。東、南、西、北という四つの基本の方位は、日の出の時刻に太陽の昇る場所、正午に太陽が南中し、最も高くなる場所、日没の時刻に太陽が沈む場所、真夜中に太陽が地球の反対側で南中する場所に対応して決定されているのであり、この方位が現存在が日常の生活を送る基本的な「辺り」となる。

住宅の間取りと方位

このようにさまざまな建物の配置だけではなく、一つの住宅においても、さまざまな部屋の配置である「〈間取り〉」（同）や、「〈間取り〉［としての部屋］の中で」（同）の調度の配置も、こうした太陽の陽射しとの関係で決められる。南向きの暖かい部屋は居間として、広い室内空間を必要とするだろうし、寝室や書斎は狭くても構わないかもしれない。さらに部屋の机やタンスの置き場所も、陽射しを考慮にいれて決定される。タンスは直射日光を嫌うために、冬でも日光の差し込まない場所が好まれるし、書斎では太陽の光を読書のための照明として利用しやすい場所に、机が配置されるだろう。

現存在の空間性

このように現存在がある空間の中に存在していて、その空間のうちで自分の生活場所を作りだすというよりも、むしろ「辺り」としての方位にしたがって都市が設計され、住宅が配置され、家の間取りが決められ、そしてさまざまな場所に適材が適所に配置されるのである。空間の中に現存在がその場をみいだすのではなく、現存在は世界の方位に基づいた「そこに属するにふさわしい」(286)ところと手元的な存在者の連関にもとづいて、自分たちの生活の空間を自分の身のまわりに作りだしてゆく。

この空間は、科学的な三次元空間ではない。この空間の空間性はまだ「道具全体の空間性」(289)であり、「たんなる空間そのもののようなものは、まだ覆い隠されたまま」(同)なのである。科学的な観点からみると、あるいは空間を人間の直観の形式とみなしたカント的な認識論からみると、すべての人類に共通した抽象的な空間がまずあり、そのうちに人間が生きる環境世界が形成されるようにみえるかもしれない。

しかし反対にまずわたしたちの生きる世界のうちに、「辺り」としての空間が形成され、そこから抽象的な空間が考えだされるのである。わたしたちの生きる世界が「それに帰属する空間について、そのつど空間性を露呈する」(同)ことに注意しよう。

こうした空間において現存在が手元的な存在者に出会うのも、「現存在自身がこの世界内存在というありかたのために〈空間的〉であるからにほかならない」（同）のである。

第二三節　世界内存在の空間性

現存在の空間性の二つの特徴

現存在はこのように世界のうちに存在することで、すでに宇宙規模の「辺り」によって規定されているような存在者である。このような存在のありかたをする現存在が、世界のうちで世界内存在という存在様式において存在することはすでに確認されてきた。手元存在者は、世界内部的に存在するのにたいして、現存在は世界のうちに内存在するのだった。この二つの存在様式の違いに基づいて、世界における存在者の空間性にも違いがでてくる。

現存在でない眼前存在者と手元的な存在者の空間性については、後に詳しく考察されるので、ここでは現存在の空間性について確認しておくことにしよう。現存在に適用される実存カテゴリーとしてハイデガーは、すでに指摘された事物の空間性の第二の特徴である「近さ」と第三の特徴である「辺り」という概念に依拠して、「〈距離を取る〉こと《エント・フェルヌング》」と「方向づけ《アウスリヒトゥング》」の二つを挙げている。現存在の「空間性は、〈距離を取る〉と、〈方向づけ〉という性格を示している」(290)とされるのである。

まず「距離を取る」ことから考えてみよう。

距離を取ること

「距離を取ること《エントフェルヌング》」とはどういうことだろうか。ハイデガーはこれをエントという前綴りとフェルネンという動詞の組み合わせを強調するために間にハイフンをつけて表記している。しかしエントフェルヌングとは、「距離」や「間隔」を示す普通の名詞である。しかしエントフェルネンという動詞には、「取り除く」「除去する」「遠ざける」という意味がある。エントという接頭辞はここでは除去を意味しており、この語が遠さ《フェルネ》を示す語につけられているために、全体では「遠さを取り除くこと」という意味になる。遠さを取り除くことは、すなわち近づけることである。だからドイツ語ではそもそも距離とは、「遠さを取り除くこと」、すなわち「近づけること」という意味を含んでいたことになる。ハイデガーはこの「距離」や「間隔」を示す「エントフェルヌング」という普通名詞を（これは事物に適用されるカテゴリー的な言葉である）、元の動詞の形にさかのぼることで、それを「距離を取ること」という実存カテゴリーに変えたのである。

「距離を置く」という言葉は、あるものを遠ざけるという意味をもつ。距離とは遠さを含意する。ところが「距離を取る」という言葉は、遠さを取り除いて近づけることを意味する。こうして、「〈距離を取る〉ということは、あるものの遠さ《フェルネ》（遠隔性）を取り去ること、すなわち近づけることを意味する」（291）ということになる。ハイデガーはこの語を「遠さ」を取り去るという「能動的で他動詞的な意義で使う」（同）わけである。これにたいして、「遠隔性《エントフェルンハイト》」や「隔たり《アプシュタント》」という概念は、現存在にはふさわしくない事物に適用される「カテゴリー的な規定」（同）なのである。

この「距離を取る」ということは、手元に存在していなかった手元存在者を、その遠い場所から手元に近づけることであり、「すなわち調達すること、準備すること、手元に用意しておくことを意味する」（292）のである。それは配慮的な気遣いの〈目配り〉のまなざしによって、あるものを身近に近づけること、手元に寄せることである。

遠さと近さ

この「距離を取る」ときに感じられる「遠さ《フェルネ》」と「近さ《ネーエ》」が、世界内部的に存在する存在者について考えられる物理的な間隔としての遠隔性や近接性とは、明確に異なるものであることは明らかだろう。それをハイデガーはさまざまな比喩で語ろうとする。たとえばわたしが道路で急いで歩きながら、前方の信号標識が青に変わったのに気づいたとしよう。わたしは近視なので、眼鏡を掛けているとしよう。

このとき、物理的な空間の配置として遠近関係を調べてみよう。わたしという現存在にとっては、身体と接触する手元存在者は、自分の身体にもっとも「近い」ものである。眼鏡はわたしの鼻の上にあるし、道路は靴と靴下を介して、足と接触している。その意味ではわたしの身体にもっとも「近い」のは、眼鏡であり、道路の路面である。

この道路は足に接触しているだけでなく、ずっと前方にもつづいているものである。信号は一〇メートル前方にあるとしよう。遠近関係としては、眼鏡はわたしの皮膚に密着している。道路はわたしの足元から、一〇メートル先の信号まで、もちろんその向こうにもつづいている。

しかし世界のうちで配慮的な気遣いの目配りのまなざしのもとでこれらの事物との近さと遠さを考えてみるならば、この「距離」はまったく逆転することが分かる。眼鏡はわたしに接触していて、もっとも近いものであるはずである。しかしわたしは眼鏡を意識することも、眺めることもない。眼鏡を掛け慣れていると、眼鏡のことなど忘れてしまうのであり、意識の上からはもっとも遠いのである。「その人にとって眼鏡は〈鼻の上〉にあるという意味ではきわめて近い隔たりのところにあるが、この使用中の眼鏡という道具は、向かいの壁にかかっている絵よりも、環境的にははるかに遠い〈距離を取って〉存在するものである」(295)とハイデガーが言うとおりである。道路は、わたしの足元にあるという意味で、眼鏡に次いで近い。「街路は、歩行するときには一歩ずつ足で触れるところであり、手元的に存在するもののうちでもっとも近く、もっとも実在的なもののように思われる」(同)ものである。ただし眼鏡と同じように、意識されることがないという意味では、環境世界的には遠いところにある。そして一〇メートル先にある青の信号は、わたしに足を急がせて、道路を横断することを促す標識として、わたしにとってはもっとも「近い」ものとして意識されているのである。

手元存在者と眼前存在者の空間性

このように手元存在者との「近さ」は、物理的な「隔たり《アブシュタント》」(291)としての遠隔性や近接性という空間性とは異なるものである。右の実例で言えば、「隔たり」としてはもっとも「遠い」ところにある信号が、意識においてはもっとも「近い」のであり、「隔たり」としてはもっとも近接している鼻の上の眼鏡が、意識においてはもっとも「遠い」のである。眼鏡や街路や信号などの手元存在者は、眼前存在者のように均質な三次元空間に存在するのではなく、現存在が生活において道具を使う「〈辺り〉」(296)のうちに存在し、現存在が使うために便利な「特定の場所《プラッツ》」(同)を占めるのである。

そして世界内存在として存在する現存在にとっては、この「辺り」のもとにあるすべての事物(それはまず手元存在者であり、意識の転換の後には眼前存在者である)のうちで、現存在がその手元存在者と「交渉」しながら、それを「取りにゆくことができ、手がとどき、眼がとどく平均的な〈距離を取られた〉もの」(295)こそが、「〈もっとも近い〉」（同）のである。

これにたいして眼前存在者との距離は、「隔たり」として定められるものである。すべての手元存在者としての道具も、それが使えなくなったり、不在であったりする場合には、「遠い」ものであり、眼前存在者として「隔たり」を測定することができるものとなっている。潜在的にすべての手元存在者は、その「隔たり」を物理的に測定することが可能なものである。

この眼前存在者が存在する空間は、物理的に測定可能な均質な三次元空間である。この空間における存在者は、その遠隔性と近接性を、「場所《プラッツ》」ではなく、「〈位置《シュテレ》〉」（296）によって決定される。この位置は、現存在が世界内存在としての意識とまなざしを転換させたときに初めて意識されるものである。

こうした眼前的な存在者との遠隔性と近接性は、メジャーなどによって実際に測定し、数量化することができる。「これらの存在者のあいだには、距離をもつことにおいて発見されたり、測定されたりすることのできる隔たり《アプシュタント》があるにすぎない」（291）のである。

こうした眼前存在者は、手元存在者にたいする意識の転換によってのみ確認されうる存在である。手元存在者が自然科学的で抽象的な観点から眺められたときに、眼前存在者として把握されるのである。この意識の転換は瞬時に行われうる。眼鏡が顔と接触していて、向こうにある信号が実際には一〇メートル先の道路に存在することは、ふつうは意識されないが、現存在はすぐにそのことを意識に上らせることができる。現存在は同じ事物を手元存在者としてみるまなざしと重ねるようにして、それを眼前存在者としてみるまなざしをそなえているのである。

〈方向づけ〉

それでは現存在の空間性の第二の特徴である「方向づけ」とはどのようなものだろうか。眼前存在者にとっての空間性は均質な三次元空間であり、手元存在者の空間性は「辺り《ゲーゲント》」であることを確認してきた。現存在にとっての世界内存在の空間性を、ハイデガーは「方向づけ《アウスリヒトゥング》」という概念で提起する。

この語はアウスという前綴りと、「向ける」を意味するリヒテンという動詞の名詞形リヒトゥングという語で作られている。辞書には、「整列、位置合わせ、方針や路線、伝達、伝言」などの語義が挙げられている。またアウスリヒテンという動詞は、

「あるものに向ける」とか「調整する」という意味をそなえている。アウスという前綴りは、中から外への方向を示し、とくに「〜を目指して」という意味を強める語である。ハイデガーは、「方向」を意味するリヒトゥングの語にこの「アウス」という前綴りのついたアウスリヒトゥングという語を、たんなる抽象的な方位ではなく、世界に生きる現存在が感じとっている「方向性」という意味を強調するために使う。

現存在はさまざまな手元存在者にたいして、それとの間隔を取り去って、〈距離を取り〉、手元で利用しようとする傾向がある。手元存在者は「辺り《ゲーゲント》」にあるが、その辺りは現存在にとってはつねに一つの方向のもとにある。標識は前方にあり、いま後にしてきた住居は後方にあり、道路の右や左には、商店の店舗や並木などが同時に存在している。それらのすべては歩行する現存在にとって、ある「距離」をもつと同時に、ある方向をそなえている。これらの事物は、距離と方向をもつ場としての「方向づけ」の場のうちに存在するのであり、何らかのきっかけがあれば、現存在はそのような事物として、「眼前的に」意識するようになる。

ハイデガーが説明するように、「あらゆる〈近づけ〉は、ある〈辺り〉においてすでにあらかじめ一つの〈方向〉をそなえているのであり、この〈辺り〉から距離を取られたものが現在に近づいてきて、その場所において眼前存在するものとしてみいだされるようになる」(298)のである。配慮的な目配りのまなざしをする現存在にとっては、周囲のすべての事物は、そのような意味をそなえたものとして、ある「距離」と「方向」をそなえたものとして立ち現れている。街路を歩む現存在にとって、周囲にあるいかなるものも潜在的には自分に無関係なものではないのであり、すべてがこの距離と方向の関係のもとに配置されている。

太陽の位置と方角

空間性において、位置や場所だけではなく方向性が重要な意味をもってくることはごく当然のことだろう。この方向性の考察については、次の二つの点が重要である。

第一に、すでに指摘されたように、世界は現存在にとって、さまざまな手元存在者が配置された空間という意味をもっているが、その根本のところに、自然の天体である太陽によって決定された方位としての方角があるのである。人間は太陽すらあたかも「手元存在者」のようにみなして、その光と熱を「道具」として利用しているが、同時に人間はこの太陽によって「生かされている」のであり、太陽が人間の生活の根幹を決定しているのである。

東と西が日昇と日没の方向であり、人間は生と死をこの方向によって律するのだった。南と北が太陽の南中と真夜中の「不在」の極の方向であり、人間は生活する住居をこの方向に基づいて建築し、調度を設置するのだった。人間の生活は太陽との関係によって根本的に律せられているのである。

左右と東西

第二に、人間の身体がすでに右手と左手によって、方角という意味をそなえているのである。〈方向づけ〉によって、人間には前と後ろだけでなく、「右と左という特定の方向」(299)が生まれる。この左右は、方位と密接な関係にある。道に迷ったときには、昼間の太陽の方向に向いて(それが南である)、両手を広げてみればよい。右手のあるほうが西であり、左手のあるほうが東である。西と東が分かれば、あとは地図を参照することで、自分の進むべき方角が決定できるだろう。

このことは、人間の左手と右手という両腕と、方位をもつ空間とが密接な関係をもつことを示している。人間はその身体の両腕の位置によって、自分の身のまわりの空間の方向を「身に携えている」(299)のである。このことを哲学の問題として初めて提起したのはカントである。ハイデガーが引用しているカントの論文「思考の方向を定める問題」においては、東西南北という方位が、太陽によって決定されていることを、次のように確認している。「いま私が空に太陽を見てしかもいま正午であることが分かっているとすれば、私は南・西・北および東をみいだす[1]」。しかし同時にカントはこの方位が絶対的なものではなく、人間の身体に基づいたものであることを、つづけて次のように指摘している。「しかしそのためには、私自身の主観における区別の感情、つまり右手と左手との区別の感情がどうしても必要である[2]」。

わたしたちは、暗闇の中で眼を覚ましたときに、方向を失うことがある。とくに旅行中に慣れない部屋で眠っていて、ふと目覚めた場合などは、ドアがどこにあるのかすら分からなくなることがある。それでもベッドから起きだして自分の両腕を横に伸ばしてみれば、自分の右がどちらか、左がどちらかだけはすぐに確認できる。そして北か南の方位さえ確認できれば、東と西も確認できるだろう。北を向いて左手が西、右手が東なのである。人間が方位を判断するための手掛かりとなるのは、この右と左という主観的な「区別の感情」なのである。「だからわたしは、天空におけるあらゆる客観的な与件にもかかわらず、地理的には、主観的な区別の根拠だけによって方向を定めているのである」[3]とカントの言うとおりである。

カントはこの方位における主観性の重要性を強調するために奇妙な仮説を提示している。もしも奇蹟が起きて、すべての星座が同じ形と相互の位置関係を変えないまま、かつての東が西に変わってしまったとしよう。その時には誰もこの違いに気づかないだろう。天文学者も自分が目撃している星座の位置だけを調べるならば、かつての西の方角を東と判断するだろう。しかし、とカントは指摘する。天文学者は、「ただ北極星に注目するだけで、それまでに起こったことに気づくだけではなく、その変化にもかかわらず、方向を定めることができるだろう」[4]。天文学者は、北極星で北を定め、左手を西、右手を東とすればよいのである。地球においては、それが方位だからである。

このカントの議論にたいしてハイデガーは、「感情」だけに依拠する議論は、「方位を定める」という問題を議論するには不適切だと指摘する。天文学者は北極星から方位を決定することができるかもしれないが、世界のうちで生きる現存在については、これは適切な例ではないのである。そしてカントは、「〈たんなる感情〉をもった現存在が、そのつどすでにある世界のうちに存在していること、そして自分の正しい位置をみいだすには、つねに世界のうちに存在していなければならないことを忘れているのである」（300）と指摘する。天文学者の事例は、世界内存在としての現存在について考察するにはふさわしくないのである。そこでハイデガーは、この問題を戸外と北極星のある環境ではなく、部屋の暗闇の中で眼を覚ますという実例で考えてみようとする。これもまたカントが提起している実例だからである。

暗闇の部屋の実例

カントはこの暗闇に包まれた部屋の実例でも、方位を決定するのは左右という「たんなる感情」であることを強調する。わたしがいつもの自分の部屋で眠っていたとしよう。しかし「誰かが悪戯をして、すべての対象を相互には同じ順序に、しかし前には右であったものを左に変えておいたとするならば、他の点ではすべての壁が同じようにできている部屋の中では、私は自分がどこにいるのか分からないだろう。しかしまもなく私は、右左という私の両側を区別するたんなる感情だけによって、方向を定める」[5]ことができるとカントは主張する。

しかしこれは可能だろうか。戸外で北極星を観察した実例では、天の北をつねに示すこの星は、間違いのない方向を示してくれるので、右手のある方角が東、左手のある方角が西であることは、確実に知ることができる。しかし部屋の家具と調度がすべて同じ順序で逆に配置されていたならば、右と左という「たんなる感情」は、暗闇の中で目覚めた人に本当の方角を決定する手掛かりを与えてくれないだろう。室内には、戸外の星のような絶対的な基準となるものは存在せず、ただ日常生活での慣れと習慣がすべてを決定するからである。

すでに考察したように、箪笥や机などの部屋の調度《アウスリヒトゥング》は、太陽の方角《アウスリヒトゥング》を勘案して配置されている。夜間などで、太陽の位置を確認できない場合には、調度の配置がそれを配置する基準となったもともとの太陽の方角を判断するための唯一の手掛かりになるだろう。人間の右手と左手の「たんなる感情」は、その個人にとっての右方向と左方向を確実に教えてくれるが、南中している昼間の太陽や夜空の北極星のような客観的な基準が欠如している状況では、太陽に基づいて定められている東西の方位を確実に知ることはできないのである。

この悪戯された哀れな人にとって、暗闇の中で目覚めて東西の方角を確認することができるのは、ただ部屋の入り口のドアをみつけることによってであろう。家具と同じように建物も太陽の方位に基づいて配置されているので、その建物の部屋、廊下、玄関などの配置は、太陽によって定められる方位を示しているはずである。建物そのものとその配置は、調度のようには悪戯によって簡単に向きを変えることができないものであるから、部屋のドア、ドアの外の廊下、廊下につながる玄関の位置は、確実に方位を示してくれるはずである。だから目覚めた人はドアにたどりつくならば、建物がどちらの方位を向いているかを記憶によって想起して、東西の方位を確認することができるだろう。

ハイデガーが指摘するように、「たんなる感情」だけでは、「わたしは世界において自分の正しい位置をみいだすことはけっしてできない」（300）はずである。というのも、世界内存在としての現存在は、「自分の正しい位置をみいだすには、つねに世界のうちに存在していなければならない」（同）のであり、「わたしが〈よく知っている〉世界のうちにあることによって、しかもこのことだけによって、わたしは方向を見定めざるをえない」（301）からである。正しい方位をみいだすためには、その人が日頃暮らしていて、「〈よく知っている〉世界のうちに」（同）、自分を位置づけることができなければならない。この建物がどちらの方角を向いていて、玄関がどの方角にあり、廊下がどの位置に配置されていたかということを想起し、部屋のドアから外にでて、廊下の位置を確認するまでは、その人には東西の方位を定める基準はまったく存在しないだろう。

主観の絶対性と二つの主体モデル

このことは方位という絶対に客観的に思われるものですら、現存在にとっては自分の生きる世界との関係で定めるしかないことを示している。現存在は自分のうちに、つねに絶対的に方位を示すような磁石をもって生きているわけではないからである。これが方位の考察から明らかになってきた現存在の重要な特徴である。現存在は世界のうちで生きる存在者であり、その存在は世界に左右される相対的なものであり、絶対に確実なもの、絶対に基準となるものを欠いているということである。

デカルトの哲学では、思考するわたし（コギト）という主体を最終的に疑うことのできない確実なものとしていたことに象徴されるように、これまでの近代哲学における主体および主観の位置は、確実で絶対的なものだった。カントにおいても、認識する主体の条件が、すべての認識を規制し、保証していたのである。認識する主体が存在しなければ、世界は存在しないというのがバークリーの観念論だったが、近代哲学はこうした主観的な観念論を否定しきれないところがある。世界でもっとも確実なもの、それは主体だからである。

しかし世界において主体はそれほど確実で絶対的なものだろうか。わたしたちが自己のありかたを反省してみれば明らかなように、自分が存在することはたしかに絶対に確実であるとしても、それは世界の中心となりうる絶対的な主体のようなものではない。わたしたちは自分の意識の内容についてすら、疑いを抱くことが多いのであり、自分たちは意識ではなく、意識しないものに、理性ではなく、非理性的なものに支配されていると感じることもまた多いのである。そしてハイデガーの考える現存在は、世界のうちに生きることで、初めて自分の正しい位置をみいだすことができるような存在者なのである。

デカルト的な絶対的な主観性をそなえた主体と、世界内存在という世界に条件づけられたこのハイデガー的な主体について、ハイデガーの「ここ」と「あそこ」という考察に基づいて、二つのモデルで考えてみよう——灯台モデルと反照モデルである。

灯台モデル

まず灯台モデルから考えてみよう。灯台は夜のあいだは明かりで周囲を照らしだし、周囲にあるものを闇の中に浮かび上がらせる。この灯台の明かりはゆっくりと回転していて、一瞬だけあるものを照らしだし、それが動いていくと、いま照らしだされていたものは再び闇の中に沈み、別のものが明かりの中に浮かび上がる。

近代哲学の認識モデルは、この灯台モデルを暗黙のうちに前提としている。人間は能動的な主体として「ここ」にいて、「あそこ」にある周囲の世界を認識するとされている。そして人間が認識するのをやめたときには、「ここ」にある灯台の灯火が消えたときのように、「あそこ」にある周囲の事物は、闇の中に沈むかのようである。

これは分かりやすいモデルではあるが、人間の認識や生活がこのようなモデルで説明できるわけではない。現実の灯台はただ周期的に明かりを回転させながら、周囲のものを浮かび上がらせている。実際には周囲のものを浮かび上がらせることを意図しているわけではなく、遠方からこの回転する明かりが視認されることが目的なのである。しかし近代哲学の認識モデルでは、主体である人間は、ある意図をもって周囲の事物を知覚し、それを認識しているかのように考える。

反照モデル

しかし実際にはわたしたちはこのようにして周囲のものを認識していない。周囲のものはわたしたちに押しよせて、わたしたちは眼を開いているかぎり、これらの周囲のものを見ざるをえないのである。そしてわたしたちが周囲のものを眺めているとき、わたしたちは自己について意識していない。外界の事物を意識するとき、わたしたちの意識はその事物に吸い取られているかのようである。わたしたちは外界の事物を意図して認識することは少なく、またそれを認識しているときには、わたしたちの意識は空白になっている。ふと「われに戻る」ときにだけ、わたしたちは自己を意識するのである。

ということは、わたしたちが周囲の事物を認識しているときには、わたしたちの意識は自己のもとにではなく、外にあるということである。わたしが庭の樹木を眺めているとき、わたしの意識は、外にある樹木のところ、「あそこ」にある。わたしの意識は「ここ」には存在しない。

そしてわたしの意識が「ここ」に戻ったときに初めてわたしは自己を意識するか、この「ここ」においては、わたしの自己は外界の事物の印象によって埋め尽くされている。そして外界のさまざまな事物の印象から反照されるようにして、わたしの「ここ」が、わたしの意識が成立する。

これをハイデガーの表現で言い換えると「現存在は自分のいる〈ここ〉を、環境世界の〈あそこ〉に基づいて理解している」(296)のである。光を放つ灯台のように、まず「ここ」にあって、意識を光のようにさまざまな「あそこ」へと向けて、そこに事物を浮かび上がらせるのではない。現存在の意識はまず「あそこ」にあり、そこから「ここ」に戻ってくるだけなのである。「現存在はその空間性によって、まず〈ここ〉にいるのではなく、〈あそこ〉にいるのであり、その〈あそこ〉から自分の〈ここ〉に立ち戻ってくるのである」(同)というのが実情である。

このモデルでは主体の場は空虚であり、外界のさまざまな印象からの反照によって映しだされたスクリーンのようなもの、外界の事物への配慮のうちに埋没していて、自己というものは、こうした気遣いからふと「われに返る」ときにみいだすものにすぎないのである。意識する主体は充実したものではなく、さまざまな印象や気遣いによって世界のさまざまな事物のうちに意識を奪われており、ときおり立ち戻ることで、さまざまな印象によって反照されるようにして主体が成立する。これが主体の反照モデルである。

この主体のモデルは、認識する主体に外部の対象を認識するという能動的な権能を想定しないモデルである。この主体は、世界のうちに投げこまれるようにして存在することで、初めて自己の存在を認識することができる。世界内存在という概念には、そもそもこうした受動的な主体の概念が背後に想定されていたのである。

このことは、現存在についての存在論的な考察からも明らかである。現存在はたしかに配慮的な気遣いをする主体である。しかしこの主体というものは、世界のさまざまな事物に心を奪われている存在であり、「みずからの存在を、〈あそこ〉に手元的に存在するものに基づいて解釈するという方法でのみ、みずからに立ち戻ってくるのである」(296)。現存在は世界に没頭している存在である。

そのことをハイデガーは、フンボルトの重要な「発見」と関連づけて考えている。フンボルトは、「わたし」を指し示すために「ここ」を意味する副詞を使い、「あなた」を指し示すために「あそこ」を意味する副詞を使う言語があること、すなわち

「文法的に表現すれば、人称代名詞を場所の副詞によって表現する言語がいくつかある」(327)ことを指摘していた(日本語でも「お手前」などと言うように)。ハイデガーはこの「ここ」とか「あそこ」のように、場所の副詞にみえる言葉は、事物の存在する位置を空間的に示す言葉でなく、「現存在の根源的な空間性の特性を示す言葉なのである」(同)と指摘している。これは手元的存在者にかかわるカテゴリー的な規定ではなく、実存カテゴリー的な規定なのである。

そして現存在が自己についてこのように場所を示す副詞で語るということは、現存在が自己を認識する権能のある主体として意識しているのではなく、世界のうちに没頭し、その世界の側から反照的に自己を認識していること、みずからを「〈距離を取り〉つつ〈方向づけ〉をしながら、配慮的に気遣われた世界の〈もとで存在すること〉として、直接に把握している」(同)ことを示すものである。

反照モデルの存在論的な意味

ただしこの世界への没頭と、反照的な自己の認識は、存在論的には二つの重要な意味をそなえている。第一は、このように自己を世界の側から理解することが、現存在の実存についての理解を歪めていることである。やがて考察されるように、現存在は自己を実存する主体としてではなく、「世人自己《マン・ゼルプスト》」として、「ひとびと」の側から、誰でもない「ひと」によって理解するようになりがちである。このような自己理解は「頽落」と非本来性をもたらす重要な源泉となるだろう。

第二は、世界のうちで配慮しながら生きる現存在は、自己の存在について、存在論的な思い違いをする可能性が生まれることである。配慮する世界内存在としての現存在が、客観的な外部世界の事物的な存在様式に基づいて、自己を理解しがちなのである。ハイデガーが指摘するように、「配慮的に気遣われた世界の〈もとで存在すること〉」(327)について、手元的な存在者の存在様式に基づいて解釈してしまいがちなのである。

このことについてすでに序論において、現存在はその存在様式のために、「みずからの存在を、現存在が本質的に、たえずさしあたりかかわっているその存在者のほうから、すなわち〈世界〉のほうから理解しようとする傾向がある」(046)ことが指摘された後に、「現存在に固有な存在了解のうちに、世界についての了解が、現存在みずからについての解釈に及ぼす存在論的な〈反照〉が含まれている」(同)と語られていた。この〈反照〉という言葉の意味が、ここで初めて明確に示されたわけである。

アプリオリの概念

この反照モデルからみると、カントの「方向を定めること」の論文における主体は、灯台モデルに属するようにみえる。カントは「わたしの両側の違いというたんなる感情だけ」（300）で、「世界において自分の正しい位置をみいだす」（同）ことができると考えたのだった。この考え方によると、主体は世界から切り離されても、自分のうちの感情だけで、世界のうちにおけるみずからの場所と、東や西などの方向を知ることができることになる。

しかし反照モデルによると、主体は世界のうちに存在することで、初めて世界の方位を知ることができるようになる。「わたしがそのつどすでにある世界のうちに存在しているということは、左右の感情に劣らず、わたしが方向を定めることができるための構成的な条件なのである」（301）。わたしは世界のうちに世界内存在として存在することで、初めて世界の方位を知ることができるのであり、世界内存在の「存在論的な構成の役割」（同）を無視して、世界について確実なことを言えるわけではないのである。

これは「アプリオリなもの」（301）という概念についても言えることである。もしもたんなる感情で世界の方位を確認することができるのだとすれば、世界の方位は左右という感情にアプリオリにそなわっていることになるだろう。人間はどんな場所でも、その感情で東西を見分けることができるようになるが、そのようなことはないだろう。現存在としての人間に「アプリオリに」そなわっているのは、世界の方位ではなく、世界内存在であるという「事実」である。これだけが「世界内存在という〈主観的な〉アプリオリなもの」（同）なのである。このアプリオリなものは、現存在が世界内存在であるということだけを教えているのであり、人間に世界の方位のようなものがアプリオリにそなわっていることを教えているのではないのである。

すでに考察したように、眼前存在者が存在する「〈位置《シュテレ》〉」（296）は、三次元の均質空間の中にあり、道具としての手元存在者が存在するのは、世界のうちでの「辺り」の特定の「場所《プラッツ》」（同）であった。そして現存在としての世界内存在を「構成する性格」（302）は、「距離を取る」ことと「方向づけ」だった。この「方向づけ《アウスリヒトゥング》」は、現存在にとっての方向《リヒトゥング》を示すものであるが、これはカントが考えたような地球のもつ客観的な方位ではない。世界内存在が生活する場面は世界であり、その世界に方位が存在するのは、太陽を「手元存在者」であるかのようにして、現存在が世界のうちで太陽の光を基準とする世界を作りあげているからである。

そしてこの方位とは別に、世界内存在は自分の周囲に手元存在者たちの「辺り」を構築し、さまざまな手元存在者を「近く」に配置している。世界内存在にとっての世界は、こうした「辺り」に配置された手元存在者で満ちているのであり、さまざまな手元存在者は世界内存在のさまざまな方角の「近さ」にある。「現存在は存在するものであるかぎりは、〈方向づけ〉をしながら〈距離を取る〉ものとして、いつもすでに露呈されているみずからの〈辺り〉をそなえている」(298)。「辺り」はつねに「方向づけ」されながら、発見され、活用されているのである。

第二四節　現存在の空間性と空間

現存在の空間性

第二四節は、これまでの現存在の空間性についての考察の要約である。世界内存在としての現存在は、配慮的な気遣いのうちで、自分の周囲に手元存在者を集め、それによって生活の場である「辺り」を構築している。

この「辺り」において、現存在はさまざまな存在者を「開けわたす」ことによって、それに適材適所性を割り当ててきたのだった。世界はそれによって「意味」をもつようになり、「有意義性」を獲得する。

これについて注目されることは、現存在はこの「辺り」にたいして「方向づけ」をすることで、それに一つの空間的な配置を与えているということである。この「方向づけ」をするということは、さまざまな道具にその適材適所性を認めるということと「等根源的な意味をもつ」(303)ものである。この空間的な配置とその「方向づけ」が、世界の客観的な方角である東西南北の方位とは異なるものであることは、すでに繰り返し確認されている。これは世界のうちで、世界内存在が発見する「辺り」であり、方角なのである。

この適材適所性の連関である「辺り」のもつ方向づけは、現存在の周囲において一つの「空間」を作りだす。住宅は現存在のために生活の必要を満たすための空間を作りだす場である。住宅は食事をする場であり、睡眠する場であり、ときに仕事をする場である。これらの空間はたしかに自然科学のまなざしにとっては、「測量することで位置を決定し、場所を規定するための純粋な〈そのうちで《ヴォリン》〉」(304)として現れてくるだろう。

しかしこのような純粋な空間的な場所が、現存在の日常の生活のうちで、あらわに示されることはない。現存在が生きる空間は、机や椅子などのさまざまな道具で囲まれた生活空間であり、この空間はまずさまざまなものに囲まれた〈辺り〉として現存在に認識される。現存在はこの〈辺り〉に、適切な「距離を取る」ことと「方向づけ」をすることで、道具を配置して生活しているのである。

「この〈辺り〉とは、〈方向づけ〉られ〈距離を取ら〉れることで、すなわち場所を配置されることで出会うはずの手元的に存在する道具連関が帰属することのできる〈どちらに《ヴォヒン》〉のことである」(同)。道具はこの〈どちらに〉のうちの「ここ」に、あるいは「あそこ」に、適材として適所に配置され、現存在の生活の用をなす。この〈どちらに〉の場は、現存在が自己の生存の目的という〈そのための目的《ヴォルムヴィレン》〉の連関とむすびついた「指示の全体によってあらかじめ素描されている」(同)のである。

道具の空間性──「場を空けること」

しかしこの場が、現存在にとって一つの空間でもあることは間違いのないところであり、ハイデガーはそのためにこの現存在に特有の空間性を、これまでとは違った形で規定しようとする。そして現存在の空間規定の基本観念であった「方向づけ《アウスリヒトゥング》」の語に、方向《リヒトゥング》の意味とは別の空間的な意味を与えることを試みる。現存在が手元的な存在者を自分の周囲に配置するのが適材適所性であり、「方向づけ」であった。この空間性はあくまでも現存在の周囲に、その現存在にとってのみ存在するものである。

これにたいして、個別の現存在とは独立して、手元的な存在者に独自の空間を考えることができる。これは、眼前存在者が存在すると想定された抽象的で均質な三次元空間ではなく、あくまでも適材適所性によって規定された空間ではあるが、それでも個別の現存在の「辺り」とは異なる空間である。

このように現存在が手元的な存在者を、その空間性に向かって〈開けわたす〉ことをハイデガーはまず語義通り「空間を与える《ラウム・ゲーベン》」と呼んでから、これを「場を空けること《アインロイメン》」という用語で言い換える。このアインロイメンという動詞は、事物について語る時には、ある物をその所定の場所《ラウム》に収納すること、あるいはある場所《ラウム》を片づけて空けることを意味する。抽象的な意味では、何かを明けわたすことを意味する。

この「場を空けること」は、現存在が世界のうちに適材適所性にしたがって、さまざまな道具を配置する場所としての空間を設定することである。暗闇の中で現存在がさまざまな調度の場所によってみずからの位置を確認できたように、現存在はさまざまな道具を配置する場所によって、自分の「辺り」を作りだし、それによって世界のうちで自己を定位することができるようになる。

空間の誕生

世界のうちで自己の場所を定位することは、同時に世界のうちで道具たちにその場所のための「空間を与え」、その道具のための「場を空けること」である。この道具のための「場を空けること」は、「実存カテゴリー」であり、これによって初めて道具に配慮している現存在は、目配りしながらさまざまな道具を「模様替えしたり、しまったり、〈片づけたり〉することができる」(305)ようになるのである。

実は現存在にとって空間というものが認識されるようになるのは、このように「辺り」にある道具のために「場を空けること」ができるからである。「〈目配り〉は、配慮的に気遣うことに没頭しているのであり、そのつどの空間性は、手元的な存在者の目立たなさのうちで、おのずとこの目配りに立ち現れている」(305)のである。

ハイデガーはこのように、世界における適材適所性、「辺り」「方向づけ」「場を空けること」などの実存カテゴリーを媒介として、現存在にとってまだ潜在的にしか認識されていない「空間そのものを認識」(同)できるようになると考えているのである。

この空間の認識が誕生するためには、すなわち空間として認識された純粋な空間性が認識されるためには、世界内存在としての現存在の気遣いする目配りのまなざしのうちに空間が立ち現れてくるのではなく、自然科学的なまなざしのもとで発見される必要がある。そのためには、道具のもつ手元存在性が捨象されて、それがたんなる事物として、眼前存在者としてみいだされる必要がある。

この視点の転換は、ある意味では必然的なものである。自然科学としての幾何学は、エジプトで生まれたというが、それはエジプトではナイル川の氾濫の後に、農地の境界を計測によって再画定する必要があったためであることは、ヘロドトスが語るとおりである。世界においてはこうした必要はつねに生じるものである。こうした純粋な空間性は「やがてこの目配りそのものにも主題的なものとなり、たとえば住宅の建築や土地の測量などの場合に、計算と測定の課題となる」(307)のである。

こうして幾何学が誕生し、自然科学的なまなざしが生まれるとともに、土地を人間が住む手元存在的な場所としての「辺り」とみなすのではなく、たんなる空間として、純粋な三次元的で均質な空間とみなすまなざしが生まれる。それによって「こうしたまなざしを放棄して、このようにみずから姿を現してくる空間を純粋に注視しながら、追跡することができるようになる」(同)のである。

そのとき、「手元的に存在する道具が占めるさまざまな場所も、〈目配り〉によって方向づけされた場所の全体性も崩壊し、任意の事物をうけいれることのできる位置の多様性」(308)が認識されるようになる。この「位置《シュテレ》」が、眼前存在者の空間性を示すものであることは、すでに確認したとおりである。このとき、「世界はそれに固有の〈まわり性〉としての性格を喪失し、環境世界は自然の世界になる」(同)のである。純粋な意味での空間とその空間性は「環境世界がまず〈脱世界化〉されないかぎり」(311)近づくことができないものなのである。

カントの空間論への批判

このように、手元存在者を眺めるまなざしが、眼前存在者を眺めるまなざしに変質するときに、初めて純粋な意味での空間という概念が登場することになる。このような世界内存在の存在論に基づいた空間の概念からすると、カントの純粋直観の形式としての空間の概念が問題を含むものであるのは明らかだろう。

カントは人間の認識は、人間の感性が対象によって触発されることで生まれると考えたが、その際に人間はたんに受動的な存在であるだけでなく、感性の二つの形式である空間と時間によって、ある意味で能動的にその対象の印象を知覚すると考えた。このとき、空間と時間は感性の純粋な形式として、主観のうちにアプリオリに存在するとみなされる。そして「主観が世界をあたかも空間のうちにある〈かのように〉観察する」(306)とされている。

このカントの理論にたいしてハイデガーは、主として次の二点から批判を加える。第一に、空間が主観のうちにあると考えることはできない。このカントの空間論は、灯台モデルに依拠しており、認識を、主体が世界に向けるまなざしとその形式に根拠づけようとするものである。しかしハイデガーは、現存在が世界内存在として、さまざまな手元存在者に囲まれて生きているという事実のために「根源的な意味で空間的」(同)であるからこそ、さまざまな事物が空間のうちに配置されるようになると考えるのである。主体のうちに対象を認識するための直観の形式として空間が存在しているのではなく、周囲を囲む道具のもつ空間的な性格のために、主体は「そのつど手元的な存在者と出会うときに、〈辺り〉としての空間につねに先だって出会っている」(同)のである。この「先だって」空間と出会っていることのために、主観のうちに空間という形式が存在するかのような見掛けが生まれるのである。

第二に、空間を感性のうちにアプリオリにそなわる直観の形式であると考えることはできない。これもまた灯台モデルに基づいた考え方である。これは「空間が初めはまだ無世界的に存在している主観にもとから属していて、この主観が空間を自分の内部から外部へと投射する」(同)ようなイメージをもつことから生まれた考え方なのである。

カントはこのように時間と空間は、主体の感性にアプリオリに存在する「形式」であると考えたわけだが、こうした考え方はある意味では自然科学的なまなざしのもとで、世界において存在する人間のありかたを再構成したものであることを、ハイデガーは批判するのである。

こうした自然科学的なまなざしは、世界の事物を眼前存在者とみるまなざしによって生まれたものであり、世界のうちで実存する人間の存在様式には、いかにそぐわないものであるかを、ハイデガーはこれまでの存在論的な考察で明らかにしてきたのである。現存在は世界内存在として、道具連関のうちに生きているのであり、その生き方こそが存在論的にみて根源的で原初的なものなのである。

第四章　共同存在と自己存在としての世界内存在、「世人《ひと》」

第四章の構成とねらい

　これまで第二章では、現存在の根本的な存在機構は世界内存在一般であることが示され、これに基づいて世界内存在の三つの契機として、世界、「誰か」と問われる存在者、内存在が提起された。これに基づいて第三章では、第一の契機である世界の世界性が検討されてきた。この第四章では、第二の契機である「誰か」と問われる存在者である現存在について、「〈日常性において現存在であるのは誰なのか〉」（312）という問いが問われる。そこでこの章ではとくに現存在の日常的な「自己存在《ゼルプストザイン》」の様態が分析の中心となることになる。

　最初に第二五節では、この現存在の「誰か」という問いがどのような場面から問われるかを明らかにしながら、この「自己存在」という概念について詳細に検討される。第二六節では、世界において現存在がともに存在する「他者」の存在様式である「共同現存在」について考察する。第二七節では、この他者のうちにある現存在が、世人《ひと》という現存在の本来的なありかたから頽落した状態において生きていることが示される。

第二五節　現存在とは〈誰なのか〉を問う実存論的な問いの端緒

形式的な告示

「現存在とは誰か」という問いは、すでに第九節で提起されている。その際に二つの重要な特徴が示された。第一は、現存在という存在者は、「〈みずからにかかわる〉ように存在」(126) するものだということであり、ハイデガーはこの存在様式を「実存」という概念で示した。この存在者については、伝統的に眼前存在者に使われてきたエクシステンティアという概念ではなく、実存《エグジステンツ》という概念で語る必要があることが指摘されたのだった。さらに事物については「本質《エセンティア》」についての問いがふさわしいが、現存在については「何か」を問う本質についての問いよりも、「誰か」について問う実存の問いのほうがふさわしいことも、そこで示されていた。第二は、現存在は「そのつどわたしの存在」(125) であることが明らかにされた。これをハイデガーは、「各私性」(128) という概念で提起した。

この二つの特徴は、「現存在の根本的な規定を形式的に告示した」（313）ものであることが、ここで明らかにされている。この「形式的な告示[1]」という概念は、ハイデガーがすでに初期の頃から愛用していたものである。ここで「告示」と呼ばれるのは、この二つの特徴が現存在の存在様式を「告げ知らせる」ものであるからである。またここで「形式的」と呼ばれるのは、これらの特徴は現存在の存在様式について、その内容からではなく、本質《エセンティア》や存在《エクシステンティア》などの概念に基づいて、あるいは「そのつどわたしの存在」というすべての現存在にそなわる特徴に基づいて、現存在の存在のありかたを、その「形式」から考察するものだからである。

この節では現存在について、第九節で提起された二つの「形式的な告示」の内容について、順に考察される。最初は第二の「そのつどわたしの存在」という概念から検討される。この概念について指摘されるのは、その形式性に基づいて、「現存在とは、そのつどわたし自身である存在者であり、現存在の存在はそのつどわたしの存在でもある」（同）ということである。この存在者とその存在についての規定は、現存在の存在の内容にはかかわらない「形式的」なものであるために、「この規定は一つの存在論的な機構を告示するものではあるが、それ以上ではない」（313）のである。

現存在は「そのつどわたし自身」であるという規定への疑問

しかしこの形式的な規定には、いくつもの問題が隠されていることを、ハイデガーは指摘している。第一に、「現存在とは、そのつどわたし自身である存在者である」（同）るという規定の背後には、「わたし《イッヒ》」という概念を提示することで、現存在について何ごとかを語ることができるという想定が含まれている。この想定を支えているのは、ある存在者について、それを「主体」と「客体」の概念で説明することができるという考え方である。とくに現存在が「わたし」と呼ばれる主体であり、それは「他者」ではないという規定が十分な説明力をもつことが暗黙のうちに想定されているのである。

この「わたし」という主体の概念は、デカルトの「コギト」（わたしは考える）概念に始まって、近代哲学の歴史においてもっとも確実なもの、疑うことのできないもの、さまざまな時間的な経過のうちでも消え去ることがなく、残りつづけるものという保証をそなえた概念である。この主体の概念は時間的な経過のうちで残りつづける「実体」であることを、近代の哲学の歴史は保証してきたのである。

第二に「現存在とは、そのつどわたし自身である存在者であ」(同)るという規定の背後には、自身《ゼルプスト》や自己《ゼルプスト》というものが、こうした実体の概念の一つの特徴であるという考え方が控えている。主体は実体であり、この実体とは「時間的な経過のうちで残りつづけるもの」であるとされている。これを言い換えると、実体とは「さまざまに異なるありかたをしながらも自己同一的《ゼルビゲス》なもの」(同)であり、それは「自己(ゼルプスト)という性格をそなえている」(同)のである。このようにして自己と実体は同一のものとみなされるようになる。

近代哲学の歴史において、主体は実体であり、自己同一的な自己であるということが、暗黙のうちに前提とされてきたのである。そして現存在が「そのつどわたし自身である存在者であ」(同)るという形式的な規定には、すでにこうした暗黙的な前提が含まれている。しかしこの暗黙的な前提は、存在論的に考察する際には妨げとなることが多いのである。こうした暗黙のうちに前提された考え方によりかかっているかぎり、「現存在の現象学的な解釈において、問題構成が転倒したものに」(315)なることが多いからである。

しかし現存在は、ほんとうに「わたし」なのだろうか、そして現存在が「自己」であるというのは適切な規定なのだろうか。たしかに現存在はつねに「わたし」であるのだが、この「わたし」という概念は存在論的には十分に規定されていないのであり、「日常的な現存在の〈誰〉は、もしかするとそのつどわたし自身《イッヒ・ゼルプスト》ではないかもしれない」(314)のである。

またこの「自己」という概念は、自己同一的なものという概念から、すなわち実体の概念から導きだされたものであるが、現存在が実体であるという規定は適切なものだろうか。実体という概念は「時間の経過のうちにかわらずに残りつづけるもの」ということを意味している。しかしこの規定は、世界のうちで世界内存在として存在する現存在にふさわしいものだとは言えないだろう。この規定では、現存在は「あらかじめ、眼前的に存在するものとして把握されている」(313)からである。そして「眼前性は、現存在ではない存在者の存在様式なのである」(同)。

二つの方法論的な疑念

このように、「形式的な告示」によって示された現存在の規定のうち、それが「わたし自身」であるという規定は、存在論的には疑わしいものを含んでいる。この疑念についてハイデガーは方法論的な二つの観点から疑いを表明している。

第一の疑いは、健全な方法とは「主題とされる領域に含まれるごく明証的な所与に求めるべきであろう」(316)と考えられるのに、この規定にこうした疑念が含まれることは、この規定が「ごく明証的な所与」ではないことを示しているということである。ということは、この現存在は「わたし自身」であり、「わたし」すなわち「自我」であるという規定は、適切なものではないということである。

第二の疑いは、この「自我」という概念は、近代の観念論の伝統が示しているように、世界の存在と他なる自我の存在を否定し、無視するものであることにある。この概念は「存在する〈世界〉だけではなく、他の〈もろもろの自我〉の存在すら、無視すべきであること」(同)を求めているのである。世界を無視し、他者を無視することの独我論的な前提は、現存在が他なる現存在とともに世界を作りだしているという事実を考えるならば、世界内存在としての現存在を解釈する方法としては、まったく不適切なものであると言わざるをえないのである。

たしかにこの規定に基づいて、「〈意識の形式的な現象学〉」(同)という重要な問題構成を切り開くことはできるだろう。そしてこれはたしかに、中期の『イデーン』時代のフッサールの哲学の重要な問題構成なのである。しかしこの問題構成は、現存在の日常性の分析というハイデガーの当面の問題構成には、「現存在自身が作りだした罠」(317)としか思われないのである。

このように形式的な告示の第二の規定は、人間を実体とみなすという存在論的に誤った想定に基づいたものであるために、方法論的に重要な問題を含むものであった。ただし第一の規定、すなわち現存在は本質によってではなく、「誰か」という問いによって問われるべき実存であるという規定は、現存在が「実体」であることを否定する意味をそなえているものとして、注目に値する。

現存在の考察の二つの道

この方法論的な疑いが示していることは、このような「わたし自身」という規定は、たんに「拘束力のない形式的な告示という意味だけで理解すべきもの」(同)にすぎないということである。そしてこうした方法論的な疑いに基づいて、ハイデガーは現存在とは「誰か」という問いに答えるための二つの新たな道をみいだすことになる。

第一の道は、現存在はこのような「自己」としてつねに現れるものではなく、それを欠如したものとして現れることも多いことに注目する道である。そこで現存在の考察においては、「〈自我《イッヒ》〉自身の特別な存在様式、たとえば〈自己喪失《ゼルプストフェアローレンハイト》〉のような存在様式」（同）を考察することも、重要な課題となりうるのである。現存在はまさに平均的な存在において、自己を喪失していることが多いものなのであり、このありかたを考察する必要がある。

第二の道は、現存在は「世界のないたんなる主体《ズブイェクト》」（318）のようなものではなく、世界のうちで他の現存在とともに生きていることに着目する道である。「さしあたり他者たちのいない孤立した自我というものが与えられることも決してない」（同）のである。現存在はつねに他者と「ともに現に存在する」（同）ものとして生きているのであり、この現象を考察する必要がある。「わたしたちに必要なのは、このようにともに現に存在する［共同現存在の］存在様式を、もっとも身近な日常性において現象的にみえるようにすること、そしてそれを存在論的に適切に解釈することである」（同）。第二六節では、まず第二の道で示された共同現存在としての現存在の存在様式を考察した後で、第一の道で示された日常性と平均性の問題を検討することになる。

第二六節　他者の共同現存在と日常的な共同存在

共同現存在

このように第二六節では、世界内存在としての現存在のありかたの考察の一環として、日常性において現存在するのは「誰か」という問いによって分析すべき現象として指摘された「共同存在と共同現存在」について、考察が展開される。この二つの存在様式は、「現存在において、世界内存在とひとしく根源的な［二つの］存在構造」(312) なのである。

というのも、すでに指摘されたように、「世界内存在にはつねにすでに〈他者たち〉が、［わたしと］ともに現に存在している、のであり、そのことは現象的に確認される」(318) という事実があるからである。「他者たちのいない孤立した自我というものが与えられることも決してない」(同) からである。

すでに確認してきたように、現存在は世界内存在というありかたにおいて、配慮する気遣いのまなざしのもとで、自分の周囲の環境世界が道具で満ちていることを発見したのだった。しかしこの道具連関というものは、現存在が単独で作りだしたものではない。それは他者の産物なのである。ハイデガーはこのことを道具とその作品という観点から考察する。これはきわめて自明なことではあるが、わたしたちが使う道具も、わたしたちが作る作品も、すべてその背後に他者の影を宿している。

わたしたちがハンマーを振るうとき、そのハンマーは他者が製造したものであり、他者が販売したものである。ハンマーを振るうことでわたしたちは無意識のうちに、そしてとくに気づくこともなく、それを製造した人と出会い、その製品を輸送した人と出会い、その製品を販売した人と出会っているのである（最後の人とはわたしたちは直面していることが多いだろう）。

わたしたちが子供たちに頼まれてハンマーを振るって鳥の巣箱を作るとき、わたしたちは子供たちの願いを満たすために巣箱を作るのであり、わたしが世界に一人であったならば、ハンマーを振るうこともなかったはずである。

わたしたちが道具を使用するときだけではなく、戸外を散歩するときでも、たわわに麦が実っている畑は、他者が育てたものであり、その他者も収穫物を販売することで、別の他者と結びついているのである。「わたしたちはこれらの〈事物〉に、それらが他者たちにとって手元的なものとして存在しているその世界のなかで出会うのであり、その世界はまたあらかじめすでにつねにわたしの世界でもあるのである」（323）。世界とはこうした現存在である人間たちの個々の世界の網の目として、人間関係のネットワークとして初めて成立するものであることは、ごく自明なことである。

フッサールの他者論批判

この記述は明確であり、問題となるところはない。世界が世界であるのは、わたしが一人で存在するからではなく、他者とともにあるからである。世界はわたしと他者が作りだすものである。他者は、わたしとともに世界を構成する上で不可欠な構成要素である。「世界はそのつどすでにつねに、わたしが他者たちと分かちあっている世界である」（324）。このようにして、「現存在の世界は共同世界であり、内存在とは、他者たちとの共同存在である。他者たちの世界内部的なそのものの存在《アンジヒザイン》は、共同現存在である」（同）ことが確認される。

これはほとんど自明な指摘にみえるが、他者という「共同現存在」が「世界内存在とひとしく根源的な」（312）存在形態であるということは、哲学的にはそれほど自明なことではない。そのことは、当時のフッサールの現象学において、他者の理論が重要な難問となっていたことからも明らかである。フッサールの現象学では、世界を現象学的な還元によって宙吊りにして、超越論的な自我だけを確実なものとして捉え、その確実な超越論的な自我から世界を「構成する」ことを、方法論的な道筋として定めていた。

その際に問題になるのは他者である。還元された後の超越論的な自我からみると、他者は「わたし」と同じような確実性をそなえていない。そのためデカルトと同じように、窓の外を歩いている他者は、もしかすると人間ではなく、人形にすぎないのではないのかと問うことが可能なのである。そのときに、哲学的に重要な二つの問いが生じる。

第一に、そのようにみられた他者という存在は、現存在ではなく、世界のなかに眼前的に存在する「〈人間という事物〉」(328)にすぎないものとみなされているのではないかということである。そのように他者を〈人間という事物〉として眺めたときには、他者が「わたし」と同じように世界のうちに実存することは保証されなくなってしまう。

第二に、このように〈人間という事物〉とみなした他者が「わたし」と同じように世界のうちに生きている現存在であることは、どのようにして保証されるのかということである。フッサールの現象学ではそのために「感情移入」という方法を使った。フッサールは、他者はわたしと同じような身体を所有していることに注目し、他者がその身体のうちでわたしと同じような心的な生を送っていることを「感情移入」によって納得することで、他者がわたしと同じような存在であることを確信しうると考えた。フッサールはこの方法について、「感情移入を行い、そして〈他者の身体にともなって付帯的に現前化され、つねに身体と一緒に客観的に捉えられている心的生活〉に絶えず経験的な考察を向けることによってはじめて、完結した統一体としての人間が構成されるのであり、そして私はこの統一性を私自身にも転用することにする(1)」と説明しているのである。

ハイデガーは、一九二五年の講義『時間概念の歴史への序説』では、フッサールのこうした「感情移入」という問題構成を明確に批判している。感情移入という問題構成は、「まず初めに一つの主観がそれだけ独立に与えられ、その主観がどうして他の主観にいたるのか、とにかくまず初めに体験は自己の内部にだけ与えられるのだから、他人の体験も他人の中へ感情移入しうるということはいかにして可能なのか[2]」という問いを引き起こさざるをえないのである。「これは馬鹿げた問題設定である。馬鹿げたというのは、一つの主観がこうした意味で出発点とされることは断じてないからである[3]」という。

他者は、孤立した「わたし」という主観から「構成」されるべき存在者ではない。「そうではなくわたしは他者を、彼がわたしとともにそのうちにある世界から理解する[4]」のである。世界は最初から他者とともにある共同存在の世界として与えられているのであって、一つの主観から「構成」されるべきものではないし、構成することができるものでもないのである。フッサールの現象学で必要とした感情移入というのは、「見掛けの問題[5]」にすぎないのである。このフッサールの感情移入論の批判は、段落341以降で詳しく展開されることになる。

孤独論

近代哲学の前提に依拠するかぎり、「わたし」はたしかに、その身体と精神の構造に基づいて、他者が他なる〈われ〉であること、他者がわたしと同じ現存在として世界に実存していることを疑うことができる。デカルトの他者についての疑念は、根拠のないものではないのである。わたしにとって確実なのは、この「わたし」の存在だけであり、他者がわたしと同じような人間として、心をもった存在としてあることは確実なものではない。そのためデカルト以降の近代の哲学は、方法論的に独我論であることをその本質的な特徴とすることになる。

この独我論的な観点からみると、世界のうちに確実に存在するのは「わたし」だけである。このわたしは、わたし自身のほかに世界のうちに確実なものを何もみいだすことができず、他者のうちにわたしと同じ「心」があることも確信できない。この「わたし」は孤独な主観なのである。感情移入によって他者を構成する必要がある主観は、孤独であることを宿命とする主観である。

しかしハイデガーのように、他者を共同存在と考えるならば、この「孤独」の意味は違ったものになってくるだろう。世界内存在として手元存在者に囲まれている現存在は、「たとえ孤独であっても、世界のうちで共同存在している」(329) ものである。孤独であるということは、他者の不在を痛感することであり、これは「共同存在においてのみ、そして共同存在にとってのみ可能なこと」(同) なのである。

もしも人間が他者を感情移入によって構成しなければならないのであれば、わたしの孤独は「わたしの〈隣〉に人間の二番目の見本が眼の前に登場しても、それが一〇個になっても、解消されることではない」（同）だろう。重要なのは、「孤独であるということは、共同存在の欠如的な様態であり、現存在が孤独になれるということが、そもそも共同存在の証拠なのである」（同）ということである。他者の存在は、現存在にとって世界内存在のありかたを基礎づける根源的な意味をそなえているのである。

顧慮的な気遣い

このように他者は「わたし」とともに世界を作りだしている存在者であり、わたしが道具に囲まれているときにも、その道具の地平の背後に存在しており、道具の地平そのものを作りだしている存在者である。他者とは、わたしと同じように現存在であり、世界内存在という存在様式のもとで実存している存在者である。

このように実存する他なる人間にたいしては、世界の中の事物である道具とは異なる気遣《ゾルゲ》いの方法が必要とされるのは当然である。世界の中の事物にたいして現存在は、世界の有意義性のうちでそれぞれの事物の適材適所性をみいだす「配慮的な気遣い《ベゾルゲン》」

のもとにあった。しかしこのような気遣いのありかたは、同じ現存在である他者にたいしては不適切なものであろう。他者への気遣いは、事物にたいする「配慮的な気遣い」ではなく、「顧慮的な気遣い（フュアゾルゲ）」（330）の対象とされるのである。この顧慮的な気遣い《フュアゾルゲ》と配慮的な気遣い《ベゾルゲン》は、たがいにどのような関係にあるのだろうか。ハイデガーは、人間ではなく事物である「食物や衣服についての〈配慮的な気遣い〉も、病める身体の看護も、〈顧慮的な気遣い〉である」（331）と指摘している。ということは、一見すると事物への配慮とみられる食物や衣服への気遣いもまた、同時に他者への気遣いとしての顧慮という意味を含むということである。

共同世界と共同存在

本書を執筆する以前のある時期にハイデガーは、世界を三つに分類していた。環境世界《ウムヴェルト》、共同世界《ミットヴェルト》、自己世界《ゼルプストヴェルト》である[6]。これらの三つの世界は、領域的に分割あるいは分類されているのではなく、「気遣いということの仕方の表出（可能性性格および時熟性格）がどのようなものであるかということ」[7]に基づいて分類されていた。そしてこれらの世界は明確な境界をもたずに、たがいに重なりあう性格のものとされていた。

この世界の分類は、自然、他者、自己という三つの中心軸に着目して、人間の生きる世界を分類するものである。しかしやがてハイデガーはこうした分類は、世界を存在者の存在様式によって分類するのではなく、むしろ存在する「世界」によって、現存在の生きる場を区別しようとするものであるから、「根本的に間違っている(8)」ものとして撤回するようになる。「他人はたとえ世界内的にであうとしても、世界のありかたをしていないし、断じてそうしたありかたをしていないのである。それゆえ他人はまた〈共同世界〉と呼ばれてはならない(9)」のである。

むしろ他者がわたしにとってどのように存在しているかという観点から考察すべきなのであり、そのために顧慮の対象である他者には「共同世界」ではなく、「共同存在」という概念が採用されたのである。これにたいして配慮の対象である事物の集まりは、世界という性格をそなえたものである。「世界そのものは、決してともにそこにあるものではないし、共同現存在《ミットダーザイン》するものでもない。むしろそれはそのつど配慮することとしての現存在がそのうちにあるところのものである(10)」のであり、これだけが世界と呼ばれるべきものなのである。この修正は、あくまでも現存在が実存することから世界について考察しようとするハイデガーの試みにふさわしいものだったと言えるだろう。

共同存在と共同現存在

ここで「共同存在」と「共同現存在」の区別について、ハイデガーがどのように考えているかを確認しておこう。共同存在《ミットザイン》とは、「現存在の存在様式に基づいて、それ自体において現存在にそなわっている実存論的な規定」(329)のことであり、これは「現存在を実存論的に規定している」(同)のである。現存在は世界内存在であることによって、そして手元的な存在者に配慮することを通じて、すでに他者と結びついているのであり、その意味で「共同存在」なのである。

これにたいして共同現存在《ミットダーザイン》は、このような共同存在として存在している現存在であり、「わたし」でない存在者のことである。他なる現存在が共同現存在であり、これらの現存在は、「共同存在という本質的な構造をそなえているかぎりで、他者たちに出会う共同現存在なのである」(同)。共同存在は、世界内存在として世界のうちで他者とともに存在する現存在の「本質的な構造」であり、この構造をそなえた現存在は、たがいに「共同現存在」として他者に出会うのである。

わたしは世界のうちで共同存在することによって、他者であるあなたと出会う。あなたはわたしにとって共同現存在である。しかし逆に言えば、あなたもまた共同存在であるかぎりでわたしに出会うのであり、その意味ではわたしはあなたにとっては共同現存在なのである。

共同相互存在

しかしここで、こうした世界内存在のありかたの重要な特徴が確認される。あなたはわたしにとっては共同現存在にすぎないものである。わたしはあなたにとっては共同現存在にすぎないものである。〈わたし〉という切実な意味をもつ現存在は、その本人である〈わたし〉でしかありえないのである。現存在することの切実さは、現存在するその当人だけの事柄である。

たしかにわたしは顧慮的な気遣いによって他者に配慮するが、多くの場合にはわたしは自己の存在だけに注意を注いでいる。そして他者との間では「たがいに協力しあったり、反目しあったり、たがいを無視しあったり、知らん顔をして素通りしたりするようなありかた」（331）のもとにあるのが通例である。世界内存在は他なる現存在である共同現存在にたいしては、「欠如態や無関心態という諸様態」（同）のうちにあることが多いのである。

ハイデガーはこうした他者にたいする無関心なありかたを、「日常的で平均的な共同相互存在《ミットアイナンダーザイン》」（同）の特徴として規定している。共同相互存在とはこのように、共同現存在どうしが、世界のうちでたがいに他者にたいして無関心のままに存在しているありかたを示すものである。これは現存在にとっては本質的なものであり、たんなる「欠陥」のようなものではない。〈わたし〉が切実な意味をもつのはこの〈わたし〉だけであることから、必然的に生まれざるをえないありかたなのである。

このような相互的な無関心が世界を支配しているために、二つの重要な帰結が生まれる。一つは、他者がこのように現存在にとって疎遠なものであり、自分自身との関係のような切実さをもたないために、他者はデカルトが語ったように、窓の外を歩く人形と変わらないものとなりがちだということである。誰もが自分のことを気に掛けるほどには他人のことを気に掛けないものである。「たがいに共同存在している存在者たちが〈たがいに他者のことを気に掛けずに〉いる」（同）のは否定できない事実である。そのためにこのように疎遠な他者が存在することとしての「共同相互存在とはさしあたり、複数の主体がたんに眼前的に存在することであると解釈する間違った傾向が生じる」（同）のは避けがたい。これは他なる現存在である現存在を、眼前存在者と同列において考えようとするものであり、存在論的には重要な錯誤なのである。

第二は、このように共同相互存在が、世界内存在としての現存在の日常的な存在様式の支配的なありかたであるために、すべての現存在にとって他者が一つの顔のない他なる存在となる可能性があるということである。その顔のない他者はいずれ世人《ひと》として登場することになるが、この日常性における世人《ひと》の概念は、この共同相互存在というありかたにその根をもっているのである。

顧慮的な気遣いの二つの極端な形式

ところで現存在は、他なる共同現存在にたいしてはこのように、基本的に消極的で無関心なありかたをしていることが多いのであるが、場合によっては極端なまでに積極的な様態を示すことがある。ハイデガーはこうした様態として「他者の代理になる」（332）顧慮と、「他者に手本を示す」（333）顧慮をあげている。

第一の「代理になる」顧慮とは、他者がそもそも自分のために気遣いすべき事柄を、他者の「身代わり」(332) となって、他者のために引きうけてしまうものである。この顧慮が、その身代わりにされた他者にたいして、間接的に害を与えるものであることは明らかであろう。母親や父親が、息子や娘が直面すべき困難な課題を引きうけてしまったならば、どうなるだろうか。その子供は、自分で解決すべき問題と対決する必要を免除されて、気は楽になるだろうが、自分の生を自分で決めるという自立した人間となる可能性を奪われてしまうだろう。

自分の人生において、次に同じような困難な課題が発生したときにも、母親や父親に「身代わり」を求めるだろうが、つねにそれが可能であるとは限らない。親は子供よりも先に死ぬはずのものであり、いつまでも子供の身代わりになることはできない。あるいは次の機会には、親は子供の課題よりも老いた自分の困難な課題に迫られていて、身代わりになる余裕などはないかもしれない。

しかしこうして親に「身代わり」をしてもらっていた子供は、自分が解決すべき問題に直面したときに、つねに他者に頼るようになっているだろう。そして他者の決定に自分の生を委ねることになりがちだろう。これは他者に依存するようになること、

「相手に支配されること」(同)を意味する。

第二の極端な事例は、これとは反対に、「他者からその〈気遣い〉を奪いとるのではなく、相手に気遣いを気遣いとして本来の意味で返してやる」(333)ものである。この気遣いは、括弧つきの「気遣い」ではなく、本来の意味での気遣いであり、他者の実存を尊重しながら、他者のために気遣う行為である。これは他者が自立した個人として、「自分の気遣いにおいて鋭く見通すことができるようにしてやり、それに向かって自由になることができるように手助けをする」(同)ことであり、好ましい気遣いの実例である。

そして日常の生活でみられる多くの気遣いは、この二つの極端、すなわち悪しき極端である「他者の代理となって他者を支配する」(335)顧慮的な気遣いと、善き極端である「他者に手本を示して他者を自由にする」(同)顧慮的な気遣いの中間にあって、「さまざまな混合形態を示す」(同)ことになるだろう。

顧慮に特有の二つのまなざし

このように現存在は手元的に存在する道具にたいしては配慮的な気遣いの「目配

り」のまなざしを向け、世界の有意義性のもとで、さまざまな事物の適材適所性を見渡すか、あるいは眼前存在する世界の事物にたいして、理論的な認識の「観察のまなざし」を向ける。これにたいして共同存在する共同現存在としての他者にたいしては、現存在は顧慮的な気遣いのまなざしを向けることになるだろう。

こうした他者にたいする「顧慮の気遣いのまなざし」に特有なものとして、「気配り」(リュックジヒト)のまなざし」(336)と「大目に見ること」(ナハジヒト)のまなざし」(同)の二つが挙げられている。この二つのまなざしについてはハイデガーはこれ以上は語らない。

これらのまなざしは、世界で生きる現存在の他者に向かうまなざしが、現存在の実存にとってはそれほど本質的なものとならないことを示唆しているかのようである。それぞれのまなざしは、相手のことに気配りし、大目に眺めるものではありながら、その「欠如的な無関心態をつうじて」(同)、ついにはその反対のまなざしに転化することが暗示されているからである。「気配りのまなざし」はやがては「気配りしない《リュックジヒツロージヒ》こと《カイト》」にいたり、大目に見るまなざしは無関心さをもたらす「見過ごすこと《ナハゼーエン》」にいたりうるとされているのである。

目的としての他者

ハイデガーはすでに手元存在という概念を使って、現存在の世界性の一つのありかたを考察してきた。世界はまず現存在にとって、手元存在する道具連関と、その適材適所性として現れる。しかしすでに指摘されたように、すべての手元存在者、すべての道具は、実は他者を隠れた目的としていたのである。靴屋が靴を「作品」として製作するためには、さまざまな道具を使用する必要があり、靴屋にとってはこの道具の世界が自分の仕事の世界でもある。

さらに作品としての製作された靴は、他者のために作られたものである。他者が存在し、他者が依頼し、注文するのでなければ、靴屋は靴を製作しないだろう。また、靴屋が靴を製作するためのすべての道具は、そもそも他者が製作したものである。製作の過程においても、製作の目的においても、靴屋の世界は他者を目的とし、他者が作りあげた世界なのである。

たしかに現存在はその究極の目的をみずからのうちにおいている。誰もが他人のために生きているのではなく、自分のために生きている。他人に顧慮する場合にも、他者の生を横取りするのではなく、他者が自己の生に実存的に直面できるように顧慮することが、望ましい顧慮であり、望ましい顧慮のまなざしであることが指摘されていた。ということは、現存在にとって究極の目的である「そのための目的《ヴォルムヴィレン》」は、自己の善き生であるということである。

現存在にとって自己の生は、適材適所性のもとで世界に配置されているようなものではなく、目的そのものである。「現存在のこのもっとも固有な存在は、その本質からして、いかなる適材適所性ももちえない。この固有な存在はむしろ、現存在自身が存在するとおりに存在しているそのための目的（ヴォルムヴィレン）そのものとしての存在である」(337)のである。

しかし現存在の存在を考察してみるならば、現存在がまた他者のために存在していることも明らかである。靴屋は自分で履くためではなく、他者が履くために靴を製作するのであり、すべての人の仕事は、自己よりもむしろ他者をめがけたものであり、他者からの評価を求めるものだからである。現存在の「そのための目的《ヴォルムヴィレン》」という究極の目的には、その原初的な構造からして、他者の存在が含まれているのである。「現存在がみずからの存在そのものにおいてみずからにかかわっているその存在には、他者たちと共同存在するということが含まれる」（338）のである。

これは重要な意味をもつことである。現存在は、自己の存在とその幸福を最終的な目的として、「そのための目的《ヴォルムヴィレン》」として存在する。すべての人が、他者ではなく、自己の存在にとって善いものを、自分が幸福になることを目指している。ところが現存在の存在のうちには、他者との共同存在が含まれている。この他者との共同存在は、現存在の存在の本質的な要素として含まれているのである。現存在は単独で存在することができない。これは「実存論的にみて本質にかかわる言明として理解しなければならない」（同）のである。

このことはたんに、現存在は孤独では生きられないという事実を超えた事柄である。一人では寂しいからとか、一人では生存のために必要なものを手にいれることができないからという理由で、現存在は他者とともに生きる存在者であるのではない。現存在が世界で生きるということのうちに、他者との共同存在がアプリオリに含まれているのであり、他者との共同存在は、現存在を構成する要素として含まれているのである。「そのおりおりの事実的な現存在が、他者たちに向かおうとせず、他者たちなどいなくてもよいと考えているか、あるいは他者たちなしでなんとか済ませている場合にも、現存在は共同存在というありかたで存在しているのである」(338)。

ときには、現存在は他者のために生きることすらあるだろう。現存在は自己の存在を維持することを目指しながら、共同存在としては、「実存論的には他者たちの〈ために《ウムヴィレン》〉存在する」(同)のである。わたしたちは愛する人のためであれば、自己を犠牲にすることも厭わないことがある。愛する人の幸福が、自己の幸福であるならば、愛する他者のために捧げる自己の犠牲は迂回路を通って、自己の幸福に資することになるからである。自己の最終的な目的である「そのための目的《ヴォルムヴィレン》」は、他者を目的とすることで実現されることもありうるのである。

もちろん他者のためとしての行為が、他者への「ために《ウムヴィレン》」が、自己の幸福という最終的な目的である「そのための目的《ヴォルムヴィレン》」に従属させられることもあるだろうし、そのほうが多いかもしれない。他者に親切にすることが、自己への満足感という経路を経由して、自己の幸福を目指したものであることは多いし、それが世間における交際を円滑にするための潤滑油となることは、ごく自然なことでもある。それが「おためごかし」になるのか、それとも他者への親切がその親切をする人にとってもほんとうの意味で喜びとなるかは、それぞれの人格とそれぞれの場合ごとに異なるものだろう。

それでも他者の「ために」行われる行為が、自己の幸福と密接に結びついていることは、否定できないことだろう。自己の幸福を目指したヴォルムヴィレンと他者の幸福を目指したウムヴィレンは、世界のうちで解きがたく結ばれているのである。そしてこのふたつのウムヴィレンが、「有意義性を作りだし、世界性を作りだすものとなっている」（同）のである。わたしたちが社会を構成して、他者とともに生きるということの意味がそこにある。

他者を知ること

本書の記述では現存在は世界の中でひとまずは、手元存在者への配慮的なまなざしを通じて、他者と知り合うようになるとされている。道具を使った仕事は他者のためであり、その道具は他者が作ったものだからである。他者への顧慮は、まず配慮的な気遣いを通じて生まれるものである。他者は「彼らが世界のうちで環境世界的に配慮する気遣いの存在において、この世界のうちから、この手元的な存在者のほうから、姿を現す」（同）ことになるだろう。

このようにすべての現存在は、世界のうちで配慮的な気遣いをするのであるが、

「わたし」という現存在がこうした気遣いをすることにおいて、わたしは他者と出会う。そしてあなたという現存在もまたこうした気遣いにおいて、わたしと出会う。人々の出会いの可能性は、こうした配慮的な気遣いのネットワークのうちに生まれるのであり、このネットワークを基礎として、顧慮的な気遣いも生まれるのである。すべての現存在は、「自分が配慮的に気遣っているもののほうから、それを理解することにおいて、顧慮的に気遣いつつある配慮的な気遣い《ベゾルゲン》が理解される」(339)のである。「このようにして他者はさしあたり、配慮的に気遣いつつある顧慮的な気遣い《フュアゾルゲ》のうちに開示されている」(同)のである。

しかしこのような経路を通じてたがいに出会う他者は、現存在の本人にとってはまだ「影」のような存在である。顔と顔をつきあわせて対面するような他者との関係はここではまだ生まれない。「顧慮的な気遣いはさしあたりたいていは、欠如的な様態にあるか、少なくとも無関心な様態のうちにある」(340)からである。

それでも共同存在のありかたとして、共同現存在としての他者は現存在にとって根源的で本質的なものである。現存在にとって他者は、さまざまな道具とはまったく異なる性格のものであり、他者についての了解は「根源的に実存論的な存在様式」

(339)として、現存在の存在構造のうちに含まれている。

ただし伝統的な哲学では、この他者についての了解が本質的な課題や問題として取り上げられることが少なかった。それが「主題的な開示」(341)として考察されることがなかったのである。そのことを象徴的に示すのが、フッサールの現象学において、この他者との出会いと他者の理解という問題が「感情移入」の問題として考察されたことである。ハイデガーは存在論的な見地から、フッサールの「感情移入」論について、次の三点に焦点をあてて批判する。

感情移入論の再批判

第一にこの「感情移入論」が基盤としている問題構成の古さが指摘される。この議論は伝統的な主観と客観の対立の地盤の上に構成されているのである。この議論の根底になっているのは、「わたし」は主観として完全に独立した存在であり、この主観がさまざまな対象を認識する権能をそなえているという考え方である。「わたし」はこの権能のもとで、客観としての他なる主観を認識するのであるが、この他なる主観もまた「それ自身が現存在という存在様式をそなえている」(342)という特徴があるために、事物を認識するために使われる通常の方法とは異なる「感情移入」という手段で、みずからとは異なる他なる主観を構成する必要があるとされているのである。

こうした考え方では、「まずさしあたり単独に存在する自己に固有の主観というものを想定しておき、次に他者の主観をさしあたりは一般に閉ざされたものとみなしてから、この「感情移入という」現象によって、二つの主観のあいだに存在論的に〈橋〉を架けようとする」(341)のである。

第二に、この「〈橋〉を架ける」という方法では、自己と他者との違いがあいまいなままにされるのである。この議論ではたしかに、他者は眼前的に存在する事物とは、「存在論的に異なる」存在者として認識されている。他者は、主体とは異なる別の現存在であることが認められている。しかし問題なのは、この主体と他者というそれぞれの現存在のありかたが、あたかも海から顔をつきだしている二つの孤島のように考えられていることである。この島は孤島であり、他の島もまた孤島である。この島から他の島に連絡するには「橋」を架ける必要があるとみなされている。

このように考えるならば、二つの島は同等な資格をもって、現存在として存在していることになる。そして現存在は共同現存在するものであるから、この「橋」が架けられる可能性は、それぞれの現存在の存在様態が同等なものであることを根拠とすることになる。するとどの「島」である現存在も、こうした共同存在というありかたを根拠として、他者に感情移入するという方法で、たがいに結びつくことができることになる。

すなわち「感情移入」の議論では、現存在がすべて「わたし」であるという形式的な告示の存在様式をごく形式的に採用して、それぞれの現存在が自己を感情移入しながら「自分とかかわる存在を、〈別の他者のうちに〉投影」(342)するという方法で、他者の存在を確認すると考えているのである。しかしこの「架橋」というアイデアは、現存在が自己との間で結ぶ関係が不明なままで、それをたんに他者に「投影」しているにすぎない。このままでは、他者はわたしの別の自己であり、「他者は自己を複製したもの」(同)になるだろう。この他者は自己とどのように違うのか、自己は他者とどのように違うのかということは、問われないままになってしまう。

第三は、こうした考え方では他者の存在について真の問いが問われないままとなってしまうことである。そもそもこのような感情移入という方法が必要となるのは、現存在が世界のうちで共同現存在しながらも、別の自己に感情を移入し、投影し、そこに自己を複製するという方法でしか、他者の存在を納得し、実感することができないと想定されているためである。世界内存在としての現存在は多くの場合、他者に無関心であり、自分を隠し、偽るものである。そして現存在がつねにこのような存在様式のもとにあると想定した場合には、他者の存在を認識するためには、感情移入の方法によって、孤島から孤島に橋を架けるように、相手が自分と同じような感情と思考をそなえた存在であることを納得することが必要になるだろう。

そしてこのようなありかたに基づくかぎり、他者はたんなる「〈頭数〉」(345)とみなされることになるだろう。そして真の意味で、他者との関係が確立されることはないだろう。ハイデガーはこうした感情移入という方法は、他者の存在について理解する真の方法ではなく、その一つの「代用物」(同)にすぎないと批判するのである。

感情移入論の失敗

このように感情移入という方法で他者を構築する方法は、世界内存在としての現存在の実存のありかたを適切な形で示すことはできない。この方法は次の三つのことを前提としている。すなわち絶対に確実な主体は、世界や他者を「認識する」権能をもつ「わたし」であること、世界のうちに存在する複数の主体もまた「わたし」と同質で同格な主体であること、そして「わたし」は自己を他なる主体に投影することで、他者を構築することができることである。

しかしこの三つの前提は、世界内存在として実存する現存在という存在論的な観点からみると、どれも破綻しているのである。第一に、「わたし」はそのように確実な自己を意識した主体ではない。このことはこれまで指摘された現存在のありかたを考えればすぐに明らかになる。

第二に現存在はふつうは、他者に無関心な存在のしかたをしており、自己を中心とした手元存在者の世界に囲まれている。そのときには、現存在は道具連関のうちで配慮的なまなざしのもとで、道具の適材適所性に配慮している。そして他者は顔と顔を直面させるような存在ではなく、道具の背後にぼんやりと隠れた存在である。このとき他者は、影のような存在者である。

現存在はときには、共同存在である他者に没頭することがある。他者の問題を自己の問題であるかのように引き受けることも、みずからの実存によって他者に手本を示すこともある。このとき他者は、自己に劣らぬ現実性をもった存在である。

このどちらにおいても、現存在は自己を意識して世界や他者を「認識」する絶対的な権能をもつ主体ではない。さらにこのどちらにおいても、世界のうちに存在する複数の主体は、「わたし」と同質で同格の主体とはみなされていない。道具連関の背後に控える「影」のようなものであるか、わたしが過剰にその「代理」となったり、実存することの「手本」を示したりする存在者である。

第三に、共同現存在としての他者は、「投影」することで初めて構築されるものではない。「〈感情移入〉によって共同存在が初めて構成されるのではない。共同存在という土台があることで、初めて〈感情移入〉が可能になるのである」(344)。

感情移入論の生まれる根拠

しかしこのように「感情移入」の理論が必要になったことには、重要な根拠がある。それは現存在は他者を忘却していることが多いためである。現存在が道具連関の世界に没頭しているとき、他者は影のようなものにすぎない。あるいはときにはその反対に、他者が自己そのものよりも解決すべき重要な問題をそなえたものと思われ、他者の問題に没頭することもある。現存在は自己を喪失して世界のうちに没入していることも多いのである。ハイデガーはこのことを、「共同存在の欠如的な様態があらかじめ支配的であるために、こうした〈感情移入〉が不可欠なものとなっている」（同）と指摘する。

だから存在論的に重要なのは、感情移入によって他者を構築することではなく、世界において現存在が道具への配慮や、他者への顧慮に没頭して、自己の実存の問題を忘却してしまうようなありかたを、批判的に検討する足場を作りだすことである。ハイデガーは第二七節以降において、現存在が道具連関や他者との関係のうちに自己を忘却しているありかたを「世人《ひと》」という概念で批判することになる。

間主観性の理論の批判

なおハイデガーは、このフッサールの「感情移入」の概念による他者の構成の方法のまずさは、間主観性という概念にも表れていると考えている。間主観性という概念は、フッサールが他者経験の土台にあるものとして想定したものである。「わたし」は感情移入によって他者がわたしと同じような「われ」であることをみいだし、そこに「客観的な世界を構成する」(11)のであるが、この営みは「超越論的な間主観性」によって可能になるものとされている。「超越論的な間主観性は、このような共同化によって間主観的に固有な領分をもつことになり、そこにおいて客観的な世界を間主観的に構成することになる」[12]とされたのである。

この間主観性という概念は、世界と他者の認識の土台となるものとして、メルロ＝ポンティを含むその後の現象学的な考察にきわめて重要な役割をはたすことになるが、その土台となっているのは、あたかも自我が孤島のように他者と隔てられて存在しており、そこから何らかの方法によって他者とのあいだで共同の世界を作りだす必要があるという考え方である。

ハイデガーはこうした世界と他者についての考察方法について、それは「一方の側にまず個々の主体があり、かくしてまず初めに、そのつどそれ固有の世界をもつようになる個々の主体があって、個々の主体の異なるそのつどの環境世界を、何らかの申し合わせに基づいて寄せ集め、またそれに基づいてひとが共通の世界をもつように協定することが、今や問題となる」[13]ようなものであると批判する。そして「哲学者たちが間主観的世界の構成を問うとき、彼らは事柄をそのように描いているのである」[14]と指摘している。

この批判は、現象学的な還元によって超越論的な自我を純粋な自我として確保した後に、世界を「構成する」という方法をとるフッサールの現象学の構えと、現存在を世界内存在として、世界のうちに投げ込まれたように存在している存在者とみなすハイデガーの存在論の構えの違いを明確に示すものである。「わたしたちは言う。最初に与えられているのは、共通の世界、世人《ひと》であると(15)」とハイデガーが語るとおりである。「さしあたりまた日常的にはまさしく自己的な世界や自己的な現存在は、もっと遠くにあり、ひとが相互的に存在する世界こそ最初のものである(16)」ということが、ハイデガーの基礎存在論の重要な理論的な成果である。ハイデガーの存在論的な構えからは、世界を「構成する」必要があると考えるのは、倒錯したものにみえるのである。

第二七節　日常的な自己存在と〈世人《ひと》〉

欲望の主体

すでに考察してきたように、世界のうちでさまざまな事物に配慮的な気遣いをし、他者にたいして顧慮的な気遣いをしている現存在は、こうしたさまざまな気遣いのうちに、自己の本来のありかたを喪失するまでにいたっている。

現存在は世界において、自立的な「主体」というありかたをするものではないことは、すでに「ここ」とか「そこ」などの場所の副詞が、主語として使われるというフンボルトの指摘に関連して語られてきた。伝統的な認識論では、個人は認識の能動的な主体であり、あたかも灯台が自分の周囲に光を放って、周囲の事物を認識するように、個人は周囲の事物を認識する主体とみなされ、周囲の事物はあたかもこの主体が認識することで、存在するかのようにみなすことが多かった。

しかし世界のうちの現存在は、こうした灯台モデルによって捉えることはできず、あたかも空虚な場所であるかのように、つねにほかの場所から自己へと反照し、自己に立ち戻るというプロセスでしか、自己を認識できないのである。

この空虚さは、事物の認識においてだけではなく、他者との関係においても確認できる。考えてみれば、わたしたちはみずから欲望をもち、その欲望を充足しようとする主体であるはずである。しかしその欲望は多くの場合、自己のうちから発したものであるよりも、他者との関係で生まれてきたものである。

他者との関係のうちで生まれる欲望

たしかに生物であるわたしたちは、何かを食べ、喉の渇きを癒し、一日に数時間の睡眠を取ることを欲求する。これは有機体である生物であるかぎり、必ず満たされる必要のある基本的で生理的な欲求である。その欲求は他者との関係においてではなく、何よりも自己の生存のために、自己のうちから自発的なものとして生まれるものであるはずである。

しかしわたしたちはこうした基本的な欲求ですら、それをたんに生理的な欲求としてではなく、他者との関係において意味をもつ欲望として意識し、それを他者との関係において満たそうとする。たんなる食べ物ではなく、美味な食べ物をわたしたちは望むのであり、しかもそれを一人で食べるのではなく、愛する人や親しい人とともに食べることを願うのである。

たんに生存しつづけるための食料を摂取するだけであれば、わずか数分の短い時間で、必要な栄養分を体内にとりいれることもできるだろう。ところがわたしたちはその食事のために買い物をし、料理し、味わい、食後のあとかたづけをするために、長い時間をかけるのである。

料理をするというごく基本的な動作においてもまた、主体は他者との関係のもとにある。一人で自分のための食事を作るのは味気無いものである。料理したものを、他者がおいしいといってくれるとき、初めて料理しがいを感じるものである。空腹で待っている他者のために、その空腹を満たすために、食欲が満たされたときの他者の笑顔をみたいがために、人々は食事を作るのである。

実際に料理したものを味わう食事もまた、ゆっくりと時間をかけて、親しき者たちと会話しながら、味わいたいと考えるのである。そして他者との関係が不全であるとき、あるいは他者との関係でみずからの欲望が適切に満たされないと感じるとき、生物としての基本的な欲求である食欲の充足すら、放棄されることもある。わたしの欲望は他者の欲望するものを手に入れようとし、他者の欲望よりも先んじようとし、他者の欲望を適えることを欲望するのである。

他者への欲望

ハイデガーが指摘するように、世界で配慮する気遣いのうちに生きている現存在にあっては、この配慮する気遣いそのものが他者との密接な関係のうちに織り込まれている。「環境世界のうちで配慮する気遣いのもとで、現存在はあるがままの他者たちと出会う」(347)のである。たしかに、わたしたちがさまざまな事物を手に入れようとするのは、他者にたいする顧慮そのものではなく、基本的に事物に向けられた配慮的な気遣いである。しかしこの配慮的な気遣いを動かしているものは、実は他者にたいする顧慮なのである。事物についての気遣いのうちに、「他者たちとともに、他者たちのために、他者たちに対抗して獲得したものを配慮的に気遣う」(348)という他者への顧慮という核がそなわっているのである。事物に向けられる配慮的な気遣いは同時に、他者にたいする顧慮的な気遣いの連関のうちでしか実現されないのである。

すでに述べた食事の例で考えれば、現存在はみずからの欲望を満たすときにも、たんに身体的な欲求を充足させようとするのではなく、「他者たちとともに」食事をすることを望む。他者と食事をするためにも、他者が望むおいしい食事を作ろうと張り切るのであり、「他者たちのために」料理するのである。そして食事において高価な年代物のワインを供するとき、そのワインは、そうしたワインを供する力のない他者との競争のうちで出されたり、年代物のワインを味わい、見分ける能力をそなえていることを他者に誇示するために出されたりする。このワインは、「他者たちに対抗して」提供されたものなのである。これらのすべてにおいて、「他者たちとの〈差異〉について気遣いがつねに含まれている」(348)ものである。

このように、他者への欲望は現存在の生き方そのものを決定するほどの強い力をそなえている。この他者との違いを誇示することを現存在が熱望する他者とはしかし、そこには不在の他者であることもある。わたしが意識する他者は、たんに食事に招いた友人だけではない。そうした個人の顔をもつ他者であれば、具体的に違いをみせつけることはたやすいことだろう。しかし真の意味で「違い」をみせつけようとしているのは、その場に身をもって在席している友人とのあいだであるよりも、その背後に漠然と考えられている隣人や他者一般とのあいだであることも多いのである。

他者との「違いをつけようとすること」における三つの動機

これらの他者との関係についての概念のうちで、まず他者との「違いをつけようとすること」について、さらに考えてみよう。すでに述べてきた料理や飲み物という事物にたいする「配慮的な気遣い」で考えてみれば、こうした気遣いはたんに事物を道具連関としてみるまなざしのもとにあるだけではないのは明らかである。他者の欲望を満たし、他者の欲望をそそろうとする顧慮的なまなざしこそが、こうした配慮的なまなざしを動かしている原動力なのである。こうした配慮的な気遣いには、「他者たちとの〈差異〉についての気遣いがつねに含まれている」(同)のである。現存在は自分が他者とどのように「違う」かを示すことに強い情熱を注ぐものである。

この「違いをつけようとすること」には、いくつもの心理的な動機が考えられる。ハイデガーはこうした動機として三つを挙げている。第一は「たんに他者たちを自己と違うものとして差別したことの埋め合わせのため」(同)、こうしたことが行われるとされている。これは他者にたいして違いを誇示した後の心理的な補償のようなものとして考えられている。

それよりも第二の「他者たちにたいして遅れをとっているために、他者たちとの関係のうちで、こうした遅れを取り戻したいと考えるため」(同)という動機のほうが、本来の意味での「違いをつけようとすること」の動機と言えるだろう。この動機は、すでにわたしにたいして違いをつけている他者への対抗心である。

第三は、わたしが他者にたいしてすでに違いを誇示しており、そうした優位を維持するために「他者たちを抑えつけておこうとするため」(同)であることもあるだろう。

これも第一の動機と同じように、すでに違いをつけている〈わたし〉が、他者に示す姿勢である。第一の動機は他者にいささかの配慮をみせたが、この第三の動機は他者への優位を維持し、さらに強めることを目的とするものである。

いずれにしても、このように現存在は他者との違いを誇示することを願っているが、他者はつねにこうした現存在の姿勢に挑戦し、そうした違いを否定してみたり（そのような場合に、その優位をさらに強化しようとする第三の動機が生まれる）、そうした違いに心理的に反発してみたり（こうした場合に、他者の反感を抑えようとする第一の動機が生まれる）する。一方で他者のほうが現存在にたいして「違い」を誇示している場合には、これに対抗するために違いの「遅れを取り戻したい」と考えることで、新たな違いを作りだそうとする（ここに第二の動機が生まれる）。これらのどの動機にしても、現存在は他者との「違いをつける」競争において「一歩もひかずに、他者と対抗しつづけなければならない。そのために現存在は「みずから意識することなく、安らぎがえられなくなっている」（348）のである。こうした動機は、「日常的な現存在自身には目立たないものとなっているが、実はそれだけ執拗に、根源的なものとして働いている」（同）と言わざるをえない。

世人《ひと》

このように現存在は共同相互存在としては、他者との対抗のうちにたえず他者を顧慮しつづけなければならなくなっている。みずから意識することなく、自分のすべての生活において、他者との違いを示したいという欲望に駆られて行動していることになる。こうした「違いをつけようとすること」によって生まれる現存在の他者への配慮のありかたは、実際には現存在にたいして自己を忘却させる働きをするものであることは明らかだろう。

この「違いをつけようとする」欲望が、実際に「違い」をつける他者とは誰かというと、それは隣人であり、その他のすべての人である。具体的にどの人と呼ぶことができない「ひと」なのである。「こうした他者たちとは特定の他者たちのことではない。反対に、どの他者でも、こうした他者たちでありうる」(349)。この任意の他者をハイデガーは世人《ひと》(ダス・マン)と呼ぶ。

「隔たり」と「疎遠さ」

ハイデガーはこのように、現存在が「違いをつける」ことを目指してあくせくしながら自己を忘却してしまう任意の他者を概念化した世人《ひと》の概念を提示した後に、現存在はこの世人《ひと》に支配され、その「独裁権」(350)のもとに服従するようになることを指摘する。この「違いをつけよう」とする他者との「違い」をハイデガーは「他者たちとの〈隔たり《アプシュタント》〉」(348)という概念で提起する。この「隔たり《アプシュタント》」は、空間性についての考察で、眼前的な存在者の距離を示すために使われた用語であるが、この用語がここでは「他者たちとの〈差異〉についての気遣い」(同)の意味で使われている。疎遠さ《アプシュテンティヒカイト》という用語も、それと同じ意味で使われている。

重要なのは、この他者との「違い」をつけようと願う現存在の願望が、反対に世人《ひと》による支配と独裁を生みだし、強める結果となっていることである。

現存在は他者と「違いをつけよう」としながら、みずからも世人《ひと》の一人となることで、ある意味ではその違いを喪失してしまう。というのも、違いをつけようとするのは、世界で生きるあらゆる現存在を支配している共通の情熱だからである。この情熱に支配されることで、現存在は誰もが同じような「顔」をもつことになる。

わたしは他者との違いをつけようとして、他者のもっていない流行の服装や自動車を手にいれようとする。そしてそのことにおいて、流行のものを身につけた人として、その社会でもっとも典型的な消費者になる。その流行に棹さしている人は、他者との違いをつけるためにそのファッションを選択するのであるが、それを選びとる人こそが、実はその社会でもっとも典型的でありふれた、「違いのない」人なのである。「違いをつけよう」とすることでその人はかえって、その現存在に固有の存在様式と、他者との違いを喪失してしまうのである。

現存在が「違い」をつけようとしている他者が、顔のある友人や知人ではなく、不特定な他者であることによって、「それぞれの固有の現存在は〈他者たち〉という存在様式のうちに完全に溶け込んでしまうので、他者たちのもっているはずの違いも、際立ったありかたも消滅してしまう」（350）のである。

現存在の日常性の存在様式

そのような世人《ひと》と化した現存在の日常性における「違いを失った」ありかたをハイデガーはこの節で、「平均性」「均等性」「公共性」「存在免責」「迎合」「不断性」などのさまざまな概念を使って考察する。これらの概念は、大衆社会における人間の存在様式についての社会学的な考察とも言えるものであり、現存在は他者との「違いをつけよう」と願いながら、みずからが世人《ひと》の支配のもとにあることを露呈するのである。これらは現代社会における現存在の「日常性の存在様式」(350)とでも呼べるありかたなのである。

平均性と均等性

こうした「日常性の存在様式」が世人《ひと》の存在様式であり、「世人《ひと》の実存論的な性格」(351)なのである。その第一のものとして挙げられるのが「平均性」である。世人《ひと》に支配された現存在は、世界においてごく平均的な人間になる。これは「ひと」にもっとも近い存在様式である。世人《ひと》に支配された現存在は、「ひとが楽しむように楽しみ、興じる。わたしたちが文学や芸術作品を読み、鑑賞し、批評するのは、ひとが鑑賞し、批評するようにである」(350)。「わたしたちが〈群衆〉から身を引くのも、ひとが身を引くようにである。わたしたちが〈憤慨する〉のも、ひとが憤慨するようにである」(同)。わたしたちはごく平均的な〈ひと〉としてふるまうのである。

こうした「ひと」の鑑賞や批評は、ときに「世論」として表現されることもある。どのような意見が妥当なものかを判断するのは、わたしでもあなたでもなく、〈ひと〉であり、これは人々の平均的な意見としてとりだされるものである。マスメディアを支配しているのも、こうした〈ひと〉の意見なのである。

世人《ひと》の支配のプロセスと均等化

現代社会の退屈さを作りだしているのも、こうした人々の平均的なありかたである。ハイデガーは、世人《ひと》が「平均性」において支配を実現するプロセスとして、具体的に四つの例をあげている。

第一に平均性は、その社会のうちから優れたものが登場するのを防ぐ。「出る杭をうつ」のである。「この平均性は、どのような企てを試みることができるか、試みてよいかという好みをあらかじめ定めておいて、例外的なものが登場してくるのを見張っているのである」(351)。「違いをつけよう」とする欲望そのものに方向を与えることで、その「違い」が結局は些細なものとなり、違いの意味が失われるのである。

第二に平均性は、社会のうちにすでに優れたものが存在している場合には、それを抑えつける。「優位をもつものはすべて、物音一つたてずに抑え込まれてしまう」（351）のである。ひとは自分が他者にたいして「違い」をつけたと思い込んでも、その違いは実は無にひとしいものであったことを、思い知らされるのである。

第三に平均性は、例外的で創造的なものをたんに抑えつけるだけではなく、あたかも当然のものであるかのように扱うことで、その創造性を否定し、奪ってしまう。「創造的なものはすべて、一夜にして知り尽くされたもの、当たり障りのないものになってしまう」（同）のである。そうすることで、「違い」というものの意味を喪失させ、「違いをつけよう」とする欲望をかき立てながらも、その効果を喪失させるのである。

第四に平均性は、すべてのものを「手頃に手に入るもの」（同）にしてしまう。他者に明かされない秘密の理論のようなものは存在しない。「どんな秘儀もその力を失う」（同）のである。「違いをつけよう」とする願いを簡単に実現させることで、どんなものもすべて、手頃に手に入るものにするのである。

このようにして「違いをつけよう」とするすべての試みは結局は、平均的なもの、ごく平凡なものに帰着するだけである。これはすべての違いを「均等化」（同）することにほかならない。違いをなくして均等なものとすることで、平均的なものにしてしまうのである。この「均等性」が世人《ひと》の第二の特徴である。

公共性

ここで世人《ひと》の第三の特徴として指摘される「公共性」は、これまで太陽の位置を軸に設計される鉄道の駅などの公的な建物について語られてきた公共性を意味するのではない。この概念では世論のようなもの、公的な意見の場のようなものが考えられている。世論とは世人《ひと》の意見であり、すでに指摘されたように優れたもの、創造的なものを抑えこみ、ありふれたものにしてしまうことを目指している。

この公共性の第一の特徴は、個人的な意見や解釈を却下しながら、みずからの正しさを主張することにある。「この公共性は、すべての世界解釈と現存在解釈をさしあたり規制し、すべてのことで自分の正しさを主張する」(352)のである。

公共性がこのようにみずからの正しさを僭称することができるのは、それが現存在についての洞察をもたずに、「すべての水準の違いと真偽の差異にまったく無感覚だからである」(同)。この公共性は、事柄に即して考察することをしない。これは「〈事象そのもの〉に決して立ち入らない」（352）ことで、その正しさを確保し、弁護するのである。

公共性の第二の特徴は、真の意味での真理を知らずに、「すべてのものを不明確なものとしてしまい、このようにして隠蔽されたものを、周知のものであり、誰もが近づくことのできるものであると言い触らす」（同）ことにある。この公共性は、人々をこうしたあいまいさへと誘惑するのであり、こうした公共性に対立することが、私的な実存のありかたであると誤認させるのである。

戦後に発表された『「ヒューマニズム」について』では、世人《ひと》の第三の特徴であるこの公共性について、人々がみずから思考することを妨げ、禁止する制度であり、力のようなものであると捉えられている。「この公共性は、何が理解可能なことであるか、そして何が理解不可能なこととして却下されねばならないのかを、あらかじめ決定している」[1]ものだと定義しているのである。

この文章でハイデガーは、『存在と時間』のこの節における世人《ひと》の考察は、「たんに社会学への付随的な寄与を提供しようとするつもりのものでは断じてない」[2]と指摘し、公共性が実は言葉と思考のありかたにおける「主観性の支配」[3]を意味するものであると強調する。この主観性の支配のもとでは、人々は哲学において思考するのではなく、「われこそは何々イズムという主義主張であると、公共的に自分を売り込む(4)」ことに熱中するが、こうした何々イズムというものの「支配は、公共性のもつ特有の独裁力にもとづいており、とりわけ近代においてはそうである(5)」と指摘するのである。
ところが「私的な実存はたんに、かたくなに公共的なものの否定に固執しているのである(6)」。私的な実存は公共性を否定することで、みずからが実存していることを実感できるのであるが、それは公共性が用意した罠にすぎず、そこでは「私的なものの無力(7)」が露呈されているだけなのである。

存在免責

世人《ひと》の第四の特徴は、この世人《ひと》によって現存在がその行為の責任を免除されることにある。人は誰しも、みずからの行為あるいは不作為については、何らかの責任を負わざるをえない。どのようなことをする場合にも、人はたとえ暗黙のうちにでも、一つの決断を下すのであり、人はその決断とみずからの行為にたいして責任を負う。それが世界における帰責原理であり、刑罰はこの原理に依拠している。人は自分が責任をとれないことにたいしては原則として処罰されない。完全な酩酊あるいは精神異常の状態では、人は自分の行為に責任を負うことができず、処罰においてはそれが考慮にいれられる。

しかし世界では現存在はみずから決断を下す機会を奪われていることが多い。「世人《ひと》はあらゆる決定と決断をすでに与えてしまっているので、それぞれの現存在はもはや責任というものを取ることができなくなっている」(353)のである。わたしたちの日常生活においては、ある種の「空気」のようなものが支配していて、その「空気」のようなものに逆らって行動することは非常に困難であることが多い。ある行為を是認するかどうか、非難するかどうかは、この「空気」が決めるのであり、人はこの「空気」を読むことが求められるのである。

学校などでしばしば行われる「いじめ」のような現象が、こうした空気の支配をごく分かりやすく示している。ある生徒を「無視する」ことが、誰ともなしに決まって、多くの人がそれに無意識的にしたがうならば、それが支配的な空気になりやすい。その空気に抵抗して、無視されることになっている生徒に話しかけ、仲良くすることは、この空気を無視することであり、「空気」を読むことを拒んだ者が、同じく「無視する」という制裁に直面する可能性が高いのである。

そのとき、この「いじめ」の責任者を探しだし、その者の責任を問うことはきわめて困難になる。こうした「いじめ」はその場の空気が生んだものであるだけに、誰もがほかの人が「いじめ」を始めたのだと主張することができるだろう。その責任をとるべき人はどこにもいないかのようである。このどこにもいて、どこにもいないのが世人《ひと》である。誰もがこの世人《ひと》の一員であり、誰もが世人《ひと》そのものではないので、「世人《ひと》こそ、その責任をとる必要のあるひとであったが、それでもやはり〈誰も〉責任をとる必要のあるひとでは〈なかった〉と言われる」（同）のである。これが世人《ひと》による免責の構造である。

これは現存在に大きな「恩恵」を与えるものである。現存在はみずからの行為にたいして責任を負わないですむようになるからである。そしてその免責は、たんに現存在の個々の行為だけに適用されるものではない。その免責は、現存在の存在様式そのものを侵し、現存在の存在のありかたそのものを変えてゆくものである。ハイデガーは世人《ひと》によるこの免責の重要性を強調するために、それを「存在免責」（354）と呼ぶ。この免責は現存在の存在そのものにかかわる免責なのである。

迎合

この存在免責にはさらに別の効果もある。「現存在には、軽々しく引き受け、軽々しく行為する傾向があるために、世人《ひと》はこの存在免責によって、現存在に迎合するのである」(354)。この存在免責は、現存在を決断と行為から免責し、軽々しく決断し、行為する傾向を強める。それによって「世人《ひと》はその根強い支配力を維持し、さらに強化するのである」(同)。この「迎合」は、世人《ひと》の第五の特徴である。

このような世人《ひと》の迎合と存在免責の力はきわめて強いものであるために、やがては現存在は自己を喪失し、どこにでもいる「ひと」と同じような存在となり、他者との「違いをつける」こともできなくなり、「すべての現存在は、〈たがいに重なり《ウンターアイン》あうように存在《アンダーザイン》〉しながら、みずからをつねにすでに引き渡してしまっている」(355)のである。

不断性

世人《ひと》の第六の特徴として、ハイデガーは「不断性」という概念を挙げている。これはこれまでの平均性、均等性、公共性、存在免責、迎合などの世人《ひと》の特徴と、「違いをつけること」を目指す現存在の「疎遠さ」の概念のすべてに共通する特性である。現存在は「絶えず」「不断に」世人《ひと》の支配のもとにある。このように世人《ひと》の支配が絶えず、不断に行われているというのは、「何かが不断に眼前的な存在者として存在しつづけることを示すのではなく、共同存在としての現存在の存在様式にかかわるものである」(356)。

現存在は絶えず、こうした共同存在として世人《ひと》の支配のもとにあり、平均性などのさまざまな特徴を「不断に」示しつづけるのである。

実在的な主体としての世人《ひと》

このような特徴をそなえた世人《ひと》は、どこにもいない存在であるが、無ではない。「この世人《ひと》というものは〈本来は〉無にすぎないと即断することはできない」(357)のである。しかし世人《ひと》は「眼の前にある石のように近づくこと」(同)ができるものでもない。

また世人《ひと》は、人々が一致して認めることができるような客観的な存在ではないし、反対に人々の主観のうちだけに存在するものでもない。実在性をレアルであることと考えるならば、世人《ひと》は「〈もっとも実在的な主体〉」(357)である。世界に存在するのはわたしやあなたなどの個人であるよりも、こうした世人《ひと》であると考えるほうが適切なほどである。この世人《ひと》とは実存カテゴリーであり、「根源的な現象として、現存在の積極的な機構に属するもの」(359)なのである。

自己の喪失

このように世人《ひと》は現存在の実存カテゴリーとして、「共同存在としての現存在の存在様式にかかわる」(356)ものであるだけに、現存在は〈誰か〉という問いには、世人《ひと》であるという答えが出されることになる。「日常的な現存在であるのは誰なのかという問いには、それは世人(ひと)であると答えられる」(355)のである。

するとここで重要な問いが生まれる。このように不断に世人《ひと》が現存在を支配しているならば、現存在の実存を規定するはずの「自己」はどこにいったのかという問いである。そもそも実存するということは、自己であることを意味していた。「現存在はつねにみずからをこの自己の実存から理解している。現存在は自己自身であるか、あるいは自己自身でないかという、自己自身のありかたの「二つの」可能性によって、自己を理解している」(036)のである。するとこのように現存在は現存在自身ではなく、世人《ひと》であるとなると、現存在がみずからを理解するはずの「自己」はどうなったのだろうか。

世人《ひと》の支配のもとで現存在は、自己を完全に喪失しているのではないだろうか。世人《ひと》としての自己が現存在の自己の代わりをなすとき、「それぞれの固有の現存在の自己《ゼルプスト》と他者の自己《ゼルプスト》は、みずからをまだみいだしていないか、あるいはすでに失っているのである」(356)ということになる。現存在は世人《ひと》において、「〈もっとも実在的な存在《エンス・レアリッシム》〉」(同)をみいだしたのである。

「自己の喪失」の概念

自己の喪失という事態は、キルケゴールがすでに絶望の概念によって語ってきたことである。人が絶望するのは、まず「精神的な意味での自己、彼らがそのためにいっさいを賭してしかるべきはずの自己、神の前における自己を、彼らはもっていない」(8)ためなのである。自己を喪失することが絶望を生み出し、絶望した者は、自己を忘却して世界へと赴くのである。

ハイデガーにおいても自己とはもともとは現存在の実存の根拠となるもの、それによって現存在が実存しうるものである。「現存在はつねにみずからをこの自己の実存から理解している」(036)のであり、現存在は「自己自身であるか、あるいは自己自身でないか」(同)をつねにみずから決断しているとされていた。この自己自身であるありかたをハイデガーは「本来的な自己」(360)あるいは「固有の自己《ゼルプスト》」と呼ぶ。これは「固有につかみとられた自己」(同)のことである。しかし世界で現存在は、世人《ひと》の支配のもとで、この「本来的な自己」を忘却している。現存在である「わたし」、それは「さしあたりは、固有の自己《ゼルプスト》としての〈わたし〉が〈存在している〉のではなく、世人《ひと》というありかたをした他者たちが存在している」(同)のである。

自己は固有の自己としてでなく、他者として存在しているのであり、それが世人《ひと》である。この頽落したあり方をハイデガーは「世人自己《マン・ゼルプスト》」(同)と呼ぶ。この世人自己という概念は、自己のもともとの概念を考えるならば、矛盾した概念である。自己とは、現存在が「そのつどみずからの存在として」(035)存在するありかたを指した概念だからである。「現存在はつねにみずからをこの自己の実存から理解している」

(036)はずだったのであり、自己は現存在の実存のありかたそのものだったはずなのである。

しかし世人《ひと》に支配され、世人《ひと》にみずからの自己を委ねてしまった現存在は、知らず知らずのうちに、みずからの自己を喪失してしまっているのである。この自己の喪失は、たんに自己を見失って外部の世界へと赴き、外部の世界での活動の忙しさによって自己を喪失しているようなありかたではない。

そうではなく、主体は自己をもっていると考えているが、しかしその自己の場所にいるのは共同存在である他者なのである。しかも「誰か」ある名前をもった他者ではなく、「誰でもないひと」が、わたしの自己の場所を占めているのである。そして現存在は自己の存在理由をこの「世人自己《マン・ゼルプスト》」のうちに求めるようにすらなってゆく。「世人自己は、現存在が日常的に〈そのための目的《ヴォルムヴィレン》〉として存在しているものであり、有意義性の指示連関の構造を定めているものである」(360)。

このようにして現存在であるのは誰かという問いには、世人《ひと》であり、そこにあるのは固有の自己ではなく世人自己であるという答えが示された。「わたしたちは世人《ひと》における共同存在と自己存在《ゼルプストザイン》を解釈することで、日常性において共同相互存在するのは

〈誰なのか〉という問いに答えた」(361)のである。

三つの重要な帰結

このように現存在の自己が「本来的な自己」であるのではなく、「世人自己《マン・ゼルプスト》」がその自己の位置を示しているということは、いくつかの重要な帰結をもたらす。ハイデガーはこれをこの節の最後で三点にまとめている。

第一は、現存在が世界のうちで「頽落」していることが、この「世人《ひと》」と「世人自己」の概念によって明らかにされたことである。現存在は世人自己《マン・ゼルプスト》に親しんでいるために、本来的な自己を見失い、世界のうちで「放心」(360)して生きることになる。世界のうちで放心しているということは、「わたしたちが身近に出会う世界のうちに、配慮的な気遣いをしながら没頭する」(同)という存在様式のうちにあるということである。現存在は手元存在者の道具連関のうちに没頭し、この世界のうちに没入して、自己を忘却するのである。

第二は、現存在はこのように世界に没頭して自己を忘却しているために、世界と世界の存在者について、存在論的に不適切な解釈をするようになる。現存在は「世界に没頭しているために、世界現象そのものは〈飛び越されて〉しまうのであり、その代わりに世界内部的に眼前的に存在するもの、すなわち事物が登場することになる」(362)のである。

このようにして、「日常的な現存在は、世人《ひと》というもっとも身近な存在様式を分析することで、みずからの存在の前存在論的な解釈を行う」(同)ようになり、現存在は自己についても「世界のほうから理解し、それを世界内部的な存在者として眼前にみいだす」(同)ことになってしまう。現存在はみずからを世人自己から理解するので、自己を眼前存在者として解釈するようになるのである。

第三に、このように現存在が自己を眼前存在者として把握しているため、世界のうちに共同存在している共同現存在としての他者をもまた、眼前存在者として理解することになる。そして「現にそこにともに存在している存在者の存在は、眼前的に存在することとして把握される」(同)ことになってしまう。

新たな課題

これまでの世人《ひと》についての考察で、「現存在の根本的な機構を具体的に了解することができた」（361）のであり、「世界内存在はその日常性と平均性において明らかにされた」（同）のである。

この解釈は、これまでの伝統的な哲学の「存在論的な解釈がつねに失敗に終わる根本的な理由」（362）を明らかにするものである。この世人《ひと》に示される「存在機構そのものが、その日常的な存在様式において、これをさしあたり見損ない、隠蔽しているものなのである」（同）。このような帰結から、ハイデガーの存在論的な考察は、すでに遂行された現存在の存在機構の考察という課題のほかに、新たな課題を提起することになった。すなわち、この喪失された本来の自己をいかにして取り戻すかという課題である。この課題が本書のこれからの重要な考察を導く糸となるだろう。

解説注

なお、この分冊の解説を書くにあたっては、ジャン・グレーシュ『「存在と時間」講義』（杉村ほか訳、法政大学出版局）と、ヘルマンの注釈書（Friedrich-Wilhelm von Herrmann, *Hermeneutische Phänomenologie des Daseins, Ein Kommentar zu "Sein und Zeit"*, Band II. Vittorio Klostermann）をとくに参照している。

第一七節

（1）フッサール『イデーン』I-I、第一巻第一篇第一章第一三節。邦訳は渡辺二郎訳、みすず書房、八八ページ。

（2）同、九〇ページ。

（3）同、第一〇節、八一ページ。

（4）同、八二ページ。

（5）ハイデガー『時間概念の歴史への序説』第一三節。邦訳は『ハイデッガー全集』第二〇巻、創文社、二五九ページ。

（6）ハイデガーはここでかなり唐突に〈めじるし〉による指示と未開社会のトーテムのような物神的なシンボルの考察を結びつける。その背景には、すでにハイデガーが原注であげていたカッシーラーの『シンボル形式の哲学』があるかもしれない。一九二五年に刊行されたこの書物の第二巻では、未開社会の「個々の神話的・宗教的シンボルの特殊性は、記号付与という一般的機能を示唆することでは、依然として解決されない問題として残る」（第二巻、木田元訳、岩波文庫、三五九ページ）と指摘しながら、トーテムの問題を考察しているのである。

第一八節

(1)アリストテレス『ニコマコス倫理学』第一巻第七章。邦訳は高田三郎訳、岩波文庫、上巻、三八ページ。
(2)同、第六巻第二章。邦訳は同、二八四ページ。岩波版『アリストテレス全集』第一三巻(加藤信朗訳)では「目的という意味におけるアルケーではない」のところを、「運動がそれを目指して始まる始まりではない」と訳している。
(3)同。邦訳は同、二八四ページ。
(4)ハイデガー『プラトンのソフィスト』(未邦訳)。全集版一九巻五〇ページ。
(5)これについては、細川亮一『ハイデガー哲学の射程』創文社、一五一ページも参照されたい。
(6)このまなざしを上に向けて、そこから世界を眺めるという構造は、プラトンのイデア論とよく似ている。これについては細川亮一『ハイデガー哲学の射程』前掲書、第二章第五節以下と細川亮一『ハイデガー入門』(ちくま新書)を参照されたい。

第一九節

(1)デカルト『哲学原理』五一項。邦訳は三輪正・本多英太郎訳『デカルト著作集』第三巻、白水社、六〇ページ。
(2)同。
(3)同。
(4)同、五二項。邦訳は同、六一ページ。
(5)同。

（6）同、五三項。邦訳は同。
（7）同。

第二一節

（1）デカルト『省察』第一省察。邦訳は『デカルト著作集』第二巻、白水社、三〇ページ。
（2）同。
（3）同、第二省察。邦訳は同、三八ページ。
（4）同、第六省察。同、九三ページ。
（5）ハイデガー『論理学』。邦訳は『ハイデッガー全集』第二一巻、創文社、六六ページ。
（6）同、六九ページ。
（7）同、七四ページ。
（8）同、八八ページ。
（9）同。
（10）同。
（11）リッケルト『認識の対象』山内得立訳、岩波文庫、八八ページ。
（12）同。

第二三節

（1）カント「思考の方向を定める問題」。邦訳は『カント全集』第一二巻、門脇卓爾訳、理想社、一一ページ。
（2）同。
（3）同。
（4）同。邦訳は同、一二ページ。
（5）同。

第二五節

（1）「形式的な告示」という概念について考察した書物は多い。とくに小野真『ハイデッガー研究——死と言葉の思索』(京都大学出版会)の第一章「生の思索と形式的告示の形成」を参照されたい。また古東哲明『ハイデガー=存在神秘の哲学』(講談社現代新書)は、形式的告示(この本では「形式的指標」と訳されている)の概念を「導きの糸」として、『存在と時間』を解読しようとしている。

第二六節

(1) フッサール『イデーン』Ⅱ-1第四六節。邦訳は立松弘孝・別所良美訳、みすず書房、一九九八ページ。この書物の刊行は一九五二年のことであるが、ハイデガーはフッサールから原稿を読ませてもらっていた。

(2) ハイデガー『時間概念の歴史への序説』第二六節。邦訳は前掲書、三〇六ページ。

(3) 同。

(4) 同。

(5) 同。

(6) ハイデガー『アリストテレスの現象学的解釈』。邦訳は、『ハイデッガー全集』第六一巻、創文社一〇〇〜一〇一ページ。

(7) 同、一〇一ページ。

(8) ハイデガー『時間概念の歴史への序説』第二六節。邦訳は前掲書、三〇五ページ。

(9) 同。

(10) 同。

(11) フッサール『デカルト的省察』の第五省察。浜渦辰二訳、岩波文庫、一九二ページ。

(12) 同、一九三ページ。

(13) ハイデガー『時間概念の歴史への序説』第二六節。邦訳は前掲書、三一〇ページ。

（14）同。
（15）同。
（16）同。

第二七節

（1）ハイデガー『「ヒューマニズム」について』渡邊二郎訳、ちくま学芸文庫、二六ページ。
（2）同、二六〜二七ページ。
（3）同、二六ページ。
（4）同、二五ページ。
（5）同、二六ページ。
（6）同。
（7）同、二九ページ。
（8）キルケゴール『死にいたる病』。邦訳は『キルケゴール著作集』第一一巻、白水社、五二ページ。

訳者あとがき

　ここに、現代思想の「地平」を作りだしたとも言われる二〇世紀最大の哲学書の一つであるマルティン・ハイデガーの『存在と時間』の第三分冊をおとどけする。

　この訳書は全体で八分冊の構成である。この第三分冊のうち、第一篇第三章「世界の世界性」のA項の後半部分、とくに「めじるし」の考察においては、道具的な存在者のうちで、指示のために使われる道具について検討しながら、適材適所性の概念を考察するものであり、今後の展開の重要な一歩となる。B項のデカルト批判は、近代哲学の端緒を切り拓いたデカルトの哲学のうちに、いかに伝統的な哲学から引き継いだ存在論的な誤謬が含まれるかを指摘したものであり、ハイデガーの存在論のユニークさを浮き彫りにしている。

　第一篇第四章「共同存在と自己存在としての世界内存在、〈世人《ひと》〉」は、現存在が日常的には世人自己として生きていることを指摘することで、この分冊の中心的な論点を提示する。ハイデガーは「頽落」という言葉で表現するが、わたしたちは世界内存在として、日常的にこのような生を生きているのである。この世人《ひと》の分析が、現存在の日常的な存在様式を分析する基礎存在論の中心的な視座の一つとなる。

『存在と時間』そのものは多くの邦訳が出版されているが、本文に沿って詳しく解説した注釈書はあまりみかけないようである。そのことを考慮にいれて本書では、読みやすい翻訳を提供すると同時に、詳しい解説をつけることにした。

原文の翻訳では、段落ごとに番号をつけ、番号とともにその段落の内容を要約した小見出しをつけている。また段落内では自由に改行を加えている。これに合わせて解説では段落ごとに分析し、考察している。解説の目次にあたるところに示した小見出しに、原文の段落の番号を表記した。たとえば「この節の課題」には（221）と表記しているが、これはこの小見出しから、段落221の考察が始まることを意味している。原文を読んでいて道に迷ったように感じられたときには、その段落の解説を参照していただきたい。

原注と訳注はそれぞれの節ごとにまとめて示した。訳注では、【欄外書き込み】という見出しのもとで、ハイデガーが手沢本の欄外に書き込んでいた覚え書きを該当箇所に示している。この覚え書きは時期が特定できず、後期のハイデガーのものを含んでいる。ハイデガーが本書『存在と時間』の考察に批判的になった時期のものもあり、本書を理解する上で役立つのはたしかであるが、本書の内容への理解が、後期のハイデガーの示そうとする方向に引き寄せられる可能性もあるので注意されたい。

なお原文を参照しやすいように、ページの下の段に、もっともよく利用されているマックス・ニーマイヤー社版の原書（第一七版）のページ数を表記し、上の段にはヴィットリオ・クロスターマン社の『ハイデガー全集』第二巻のページ数を表記した。

＊　＊　＊

本書はいつものように、光文社古典新訳文庫の創刊編集長の駒井稔さんと編集者の今野哲男さんの励ましをきっかけとし、翻訳編集部の中町俊伸さんのこまやかなご配慮と、編集者の中村鐵太郎さんの細かな原文チェックを支えとして誕生したものである。いつもながらのご支援に、心から感謝の言葉を申しあげたい。

中山元

kobunsha classics
光文社古典新訳文庫

存在《そんざい》と時間《じかん》3

著者　ハイデガー
訳者　中山《なかやま》元《げん》

2017年7月20日　初版第1刷発行
2022年3月15日　第2刷発行

発行者　田邉浩司
印刷　新藤慶昌堂
製本　ナショナル製本

発行所　株式会社光文社
〒112-8011東京都文京区音羽1-16-6
電話　03（5395）8162（編集部）
03（5395）8116（書籍販売部）
03（5395）8125（業務部）
www.kobunsha.com

落丁本・乱丁本は業務部へご連絡くだされば、お取り替えいたします。
ISBN978-4-334-75358-0 Printed in Japan

いま、息をしている言葉で、もういちど古典を

長い年月をかけて世界中で読み継がれてきたのが古典です。奥の深い味わいある作品ばかりがそろっており、この「古典の森」に分け入ることは人生のもっとも大きな喜びであることに異論のある人はいないはずです。しかしながら、こんなに豊饒で魅力に満ちた古典を、なぜわたしたちはこれほどまで疎んじてきたのでしょうか。

ひとつには古臭い教養主義からの逃走だったのかもしれません。真面目に文学や思想を論じることは、ある種の権威化であるという思いから、その呪縛から逃れるために、教養そのものを否定しすぎてしまったのではないでしょうか。

いま、時代は大きな転換期を迎えています。まれに見るスピードで歴史が動いていくのを多くの人々が実感していると思います。

こんな時わたしたちを支え、導いてくれるものが古典なのです。「いま、息をしている言葉で」——光文社の古典新訳文庫は、さまよえる現代人の心の奥底まで届くような言葉で、古典を現代に蘇らせることを意図して創刊されました。気取らず、自由に、心の赴くままに、気軽に手に取って楽しめる古典作品を、新訳という光のもとに読者に届けていくこと。それがこの文庫の使命だとわたしたちは考えています。

このシリーズについてのご意見、ご感想、ご要望をハガキ、手紙、メール等で翻訳編集部までお寄せください。今後の企画の参考にさせていただきます。
メール　info@kotensinyaku.jp

光文社古典新訳文庫　好評既刊

光文社古典新訳文庫　好評既刊

道徳の系譜学
ニーチェ
中山 元 訳
『善悪の彼岸』の結論を引き継ぎながら、新しい道徳と新しい価値の可能性を探る本書によって、ニーチェの思想は現代と共鳴する。ニーチェがはじめて理解できる決定訳！

ツァラトゥストラ（上・下）
ニーチェ
丘沢 静也 訳
「人類への最大の贈り物」「ドイツ語で書かれた最も深い作品」とニーチェが自負する永遠の問題作。これまでのイメージをまったく覆す、軽やかでカジュアルな衝撃の新訳。

フロイト、夢について語る
フロイト
中山 元 訳
夢とは何か。夢のなかの出来事は何を表しているのか。『夢解釈』の理論の誕生とその後の展開をたどる論考集。「願望の充足」「無意識」「前意識」などフロイト心理学の基礎を理解する。

フロイト、性と愛について語る
フロイト
中山 元 訳
人が人を愛するとはどういうことか。愛する他者の選択を含め、一人の人間における心的なメカニズムから、性に対して抑圧的な社会との関係にまで考察を進めた論文集。

フロイト、無意識について語る
フロイト
中山 元 訳
二〇世紀最大の発見とも言える、精神分析の中心的な概念である「無意識」について、個人の心理の側面と集団の心理の側面から考察を深め、理論化した論文と著作を収録。